跨学科语文创意作业4

主　　编：何　捷
副 主 编：谢晓丽
执行主编：吴　瑕　邱雨林
插画绘制：吴建华

山东城市出版传媒集团·济南出版社

图书在版编目（CIP）数据

跨学科语文创意作业．4 / 何捷主编．-- 济南：济南出版社，2022.8

ISBN 978-7-5488-5179-0

Ⅰ．①跨… Ⅱ．①何… Ⅲ．①小学语文课—教学参考资料 Ⅳ．① G624.203

中国版本图书馆 CIP 数据核字 (2022) 第 136271 号

跨学科语文创意作业 4 上册　　何 捷 主编

出 版 人：田俊林
图书策划：李圣红　董慧慧
责任编辑：董慧慧　陶　静
特约校对：乔彦鹏
封面设计：八　牛
插画绘制：吴建华
版式设计：张　倩
内文排版：郭春兰
出版发行：济南出版社
地　　址：济南市二环南路 1 号
邮　　编：250002
印　　刷：济南新先锋彩印有限公司
成品尺寸：185mm × 260mm　16 开
印　　张：19.5
字　　数：219 千
版　　次：2022 年 8 月第 1 版
印　　次：2022 年 10 月第 1 次印刷
书　　号：ISBN 978-7-5488-5179-0
定　　价：45.00 元（上下册）

序言

“双减”后的周末，“出去疯”还是“家里蹲”

2021 年 7 月，国家出台文件，“双减”政策正式落地。2022 年 4 月，《义务教育语文课程标准》颁布，提出“跨学科学习”任务群。

两件大事的发生，让我们不得不思考——

“双减”后的周末，作业如何设计？学生怎么做？是“出去疯”还是“家里蹲”？

答案非常明确——“出去疯”。

理由也很充分：首先，“出去疯”才有可能强身健体，而体力是人最核心的后盾；其次，“出去疯”，更重要的是感受自然，让大自然成为学生最亲近的老师；最后，出去疯还有一个重要意图，让学生融入社会，体验风物人情。

“跨学科学习”这一任务群，也会在这样的学习方式转变中，得以分期实施，逐步完成。

为此，我和团队的小伙伴为 1–6 年级的同学们，专门设计了这套书。伴随着这套作业，小学 1–6 年级的同学们，将度过童年美妙的“浪漫”时光。

这原本就是小学阶段应有的“浪漫”，也是人成长的“必经阶段”。

英国哲学家怀特海在他的《教育的目的》演讲中，早就为我们划定了 12 岁之前的“浪漫阶段”。如今，“双减”政策落地后，让社会、大自然成为一种全新的学校样态，让同学们从反复的机械式刷题和为考试而学的漩涡中解脱出来，让未来我们需要的接班人健康成长。

未来，国家建设更需要的是健康、健全、健美的人。如果长大后依然四肢无力、头脑发达，我们就难以更好地实现人生目标；如果长大后只能够解题，而不懂应用，我们也就难以承担重任；如果长大后非常冷漠、自私，不能体察人间冷暖，

我们就更难以与人合作，共创未来。

在基础教育阶段，“出去疯”吧，释放应有的生活空间，感受多姿多彩的世界，让自然成为神奇的教育力量，让我们在更多渠道获得成长。国家的未来，不能由巨婴、啃老族组成；国家的未来，需要孩子健康、野性、儒雅、强壮、理性。所以，请不要让“双减”后的周末，再对“刷题”恋恋不舍，让我们一起走出家门，走进自然，走向社会。

这里的“疯”，专指——让人着迷的实践活动。这里的“出去”利用的就是周末时间，带有两个含义：其一，尽可能在户外活动；其二，让父母与子女协同出行。“出去疯”成为我们设想中真正的“大语文”教育新生态。

我们为不同年级提供了相应的活动指南。在《跨学科语文创意作业》的设计系统中，周末的创意是分学段进行的：第一学段（1-2 年级）注重阅读与亲近自然；第二学段（3-4 年级）注重阅读与亲近科学；第三学段（5-6 年级）注重阅读与亲近艺术。

低年级，指向对自然的感受，让学生走进果园，走进山中，去到小溪边，来到沙地上，仰望星空，观望小鱼，凝视远山与白云，让自然调和与温润学生的童心，感受到生活的美好。

中年级，更期待向往科学，能够在一个个有趣的小实验中体会科学的奥秘，开启探索之旅，发现文明历程中一个又一个奇迹。这可能是当代小学生最缺乏的素养，也正是未来建设者与接班人最需要具备的素质。我们建议语文老师，更应该在科学素养的培植上具有国际视野，有格局、有情怀，让学科融合在中年级成为学习的主要方式。

高年级，学生长大了，变得沉默、稳重、深刻了。于是这个时候，我们推荐的是艺术修养，让学生更多感受音乐、舞蹈、绘画、民间艺术，以及各种不同的文明样态，让学生更多走进博物馆，走进音乐厅，走进艺术画廊……与人类最精致的表达形式相伴。

同时，三个学段都加强了“阅读”这一关键的作业，这不是“负担”，而是必须的“承担”。

本书中的每一篇，都按照“做中学”的结构设计。即先进入最具创意的“活动过程”，之后结合活动体验，进入“学习过程”，完成相关的作业。“活动过程”匹配上文所述的基本方向；学习过程则遵循《义务教育语文课程标准》对不同学段的学习目标而设计，同时参考布鲁姆的教育目标分类学中“认知层级分类”理论，对完成作业进行不同层级的设定。这样的设计理念，不让作业出现重复训练、徘徊在低级层面的状态。同时，学生在运用知识解决不同问题的过程中，各部分有整体性的贯通，有助于将新知识融入原有的认知体系。学习过程和活动过程紧密配合，学生在真实的情境中创造性地解决问题，在活动过程中不断调用元认知策略对学习进行调控，希望完成这样的作业系统后，更多学生可以达到“专家学习”的程度。

当然，“出去疯”很容易产生误解——难道周末就要疲于奔命？

不，“出去疯”要和“家里蹲”相融合。学生走出户外充分实践之后，我们也希望他们回到家能在父母的陪伴与引导下，静下心来，平稳情绪，沉着而执迷地将所见所闻、所思所想进行总结与梳理。让反思与沉淀成为学习的常态。

实践之后，我们设计了有趣的、适合不同年级的创意语文作业，让语文学科的听、说、读、写四大能力，与之前的活动体验相结合，让学生的语文学习水平得到真正的提升。这就是“跨学科语文创意作业设计”的基本内核。

美国学者杜威先生最早提出的“做中学”——在充分实践后，在沉迷的学习中，在切身体验里，进行自我反思与总结，进行适当的练习，将所有的知识与亲身感受，个人实践内化为个体的全新经验。这就是我们这套神奇的书在做的事。

“跨学科语文创意作业”为学生打通了一个新的学习路径，建设了一种能够自我提升的自由学习模式。相信这样的学习对学生是最为有益的，也是“双减”政策之后周末的全新作业样态全新的学习模式。

特别感谢全国“两基迎国检”工作先进个人——谢晓丽校长为此书付出的辛勤工作。感谢参与编写的团队伙伴们，按照参与的年级，我们逐一列出他们的名字。这些都是富有创意的老师哦：

一年级

文小荷、林威、戴亚真、林莹莹、魏淑华、蔡玉婷、林瑜婷、李文静、陈佳明、姜明明、林铮、黄美琴。

二年级

黄倩平、张晓洁、刘昕、邱玉萍、陈妙娟、宋妍霖、李扬、李萌、陈冠妃、黄紫璇、林海榕、吴婷、董欣。

三年级

殷霞、吴振芬、池少凡、程燕芳、王棽、司琪格、张萧洋、刘倩倩、张海燕、何静。

四年级

吴瑕、邱雨林、蒲乐洋、颜琳、游伟、张海燕、吴郑亚、陈学蓉、郑子豪、李煌。

五年级

黄莺、陈粮宜、邱雨林、陈焱、潘倩、李明霞、曾雅麟、陈雪芹、颜琳、吴梁红、黄颖俐、陈玲玲、贾俊娇。

六年级

林代尉、刘露、李洪昌、胡凯利、郑子豪、陈炜琦、阮艺蓉、付吓梅、袁艺方、陈欣、林慧、何桂云、李琳琳、黄莺。

好啦。但愿这套《跨学科语文创意作业》能伴随着同学们度过特别有意义的周末，带来语文学习与众不同的快乐。

何　捷

目录

有“魔力”的纸

我们都知道，当我们对一个物品用力吹气时，它通常会顺着吹气的方向往远处飞去。但若是告诉你，有一种自带“魔力”的纸，你对着它吹气，它不但不分开，反而会紧紧地贴在一起，你相信吗？哈哈，“耳听为虚，眼见为实”。让我们来验证一下这个奇迹吧！

活动过程

活动项目：吹不开的玻璃纸

活动场所：不限

活动时长：5 分钟

实验准备：一张 A4 大小的玻璃纸、一根竹筷子

实验过程：

第一步：将玻璃纸对折后搭在筷子上，让纸的两端自然下垂。

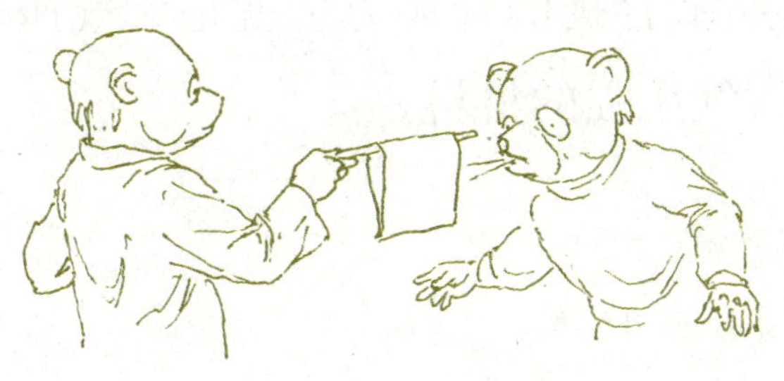

第二步：用力向两片玻璃纸的中间吹气，多试几次，看看玻璃纸是分开还是合拢。

活动流程：

和家人一起完成这个实验，仔细观察玻璃纸的状态。

查一查资料，了解玻璃纸合拢的科学原理。

多做几次，然后总结吹气角度与玻璃纸状态的关系。

学习过程

学习目标：

1. 能参与实验并观察气流经过时玻璃纸的状态。
2. 能查证实验中玻璃纸吹不开的科学道理。
3. 能使用书面语和口头语表达实验过程中的观察所得。

学习项目：

【项目作业一】阅读与鉴赏

你已经知道了吧，这种让玻璃纸合拢的神秘力量就是大气压力。接下来，阅读下面两篇关于大气压强的材料。

【材料一】

马德堡半球实验

1654 年，马德堡市长奥托·冯·格里克决定通过实验来证明大气压强的存在，于是和助手用黄铜做成两个半球，准备做实验。5 月 8 日，马德堡风和日丽，一大批人围在实验场上，熙熙攘攘十分热闹。有的支持格里克，希望实验成功；有的断言实验会失败。人们在议论着，在争论着，在预言着……还有的人一边在大街小巷里往实验场跑，一边高声大叫："市长演马戏了！市长演马戏了！……"

格里克和助手当众把两个半球壳中间垫上橡皮圈，再把两个半球壳灌满水后合在一起，然后把水全部抽出，使球内形成真空，最后把气嘴上的龙头拧紧封闭。这时，周围的大气把两个半球紧紧地压在一起。

格里克一挥手，4 个马夫牵来 8 匹高头大马，在球的两边各拴 4 匹。格里克一声令下，4 个马夫扬鞭催马、背道而拉，好像在拔河似的。

"加油！加油！"实验场上黑压压的人一边整齐地喊着，一边打着拍子。4 个马夫、8 匹大马，都搞得浑身是汗。但是，铜球仍是原封不动。格里克只好摇了摇手臂，示意暂停，然后又叫来一队人马。马夫们喝了些水，擦擦额头上的汗水，又在准备着第二次实验。

格里克再一挥手，实验场上更是热闹非常。16 匹大马使劲拉，8 个马夫在大声吆喊，挥鞭催马……实验场上的人，更是伸长脖子，一个劲儿地看着，不时地发出“哗！哗！”的响声。

突然，“啪！”的一声巨响，铜球分开成原来的两半，格里克举起这两个重重的半球自豪地向大家高声宣告：“先生们！女士们！市民们！你们该相信了吧！大气压是有的，大气压强是大得这样厉害，这么惊人！……”

（选自粤教版小学科学四年级下册，有删改）

【材料二】

吸盘挂钩加强记

吸盘挂钩是很多人家里都少不了的东西，可以挂很多小物件。不过，这种挂钩不太稳固，经常会掉下来，影响使用。怎样才能让吸盘挂钩粘得更牢固？

方法一：“水”。最常用的方法是先蘸点水在挂钩背面，然后把挂钩迅速粘到墙面上。

方法二：“肥皂水”。把肥皂水涂抹在吸盘挂钩背面，然后把挂钩迅速粘到墙面上，待干透了可以挂东西，效果很不错。

方法三：“鸡蛋清”。这个方法有点复杂，需要先把鸡蛋中的蛋清分离出来，然后用棉签在挂钩背面涂满鸡蛋清，涂抹均匀后把挂钩粘在需要挂东西的位置上。大约 12 个小时，鸡蛋清完全干透后，吸盘挂钩会变得十分牢固。

方法四：“牙膏”。如果觉得用鸡蛋清比较麻烦且浪费，可以用牙膏来代替。挤出适量牙膏涂抹在吸盘挂钩背面，然后把挂钩粘在相应位置，待牙膏差不多与挂钩结合好的时候，就可以挂东西了。

注意事项：在粘吸盘挂钩之前，墙面的干净程度也会影响挂钩承受重力。在粘之前，把墙面清理好。粘的时候，用力按压挂钩中间部位，把吸盘挂钩中的空气压出来。空气越少，黏合程度就越好。

分析与理解

1. 获取信息：让吸盘挂钩粘得牢固，材料二提供了几种方法？

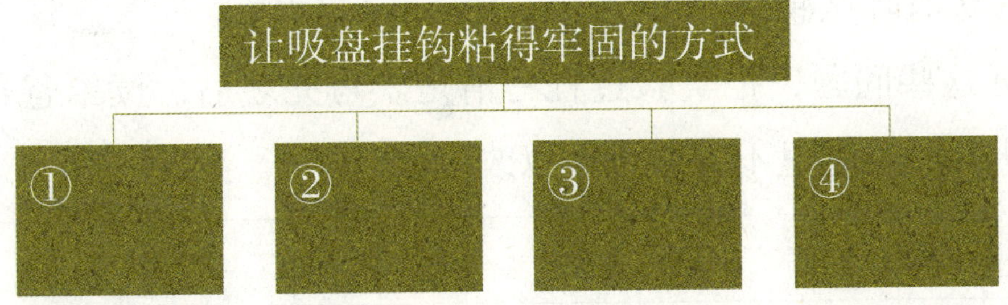

2. 评价鉴赏：材料一中画波浪线的句子和具体的实验过程关系并不大，删去可以吗？

____

____

3. 创意运用：用材料二提供的方法，快给你家的挂钩做一次加强处理吧！

★阅读推荐★

《小牛顿实验王：大气压力》（小牛顿科学教育有限公司／编著）

【项目作业二】表达与交流

1. 在仔细地观察爸爸妈妈做“吹不开的玻璃纸”实验后写一写，

将实验的过程写清楚。

你可以这样来记录：

◎实验前，你做了什么准备？

◎实验中，你和家人是怎样分工的？你是怎样吹气的？一共吹了几次？你都看到了什么？听到了什么？有没有困惑？有没有总结过吹的角度和技巧呢？

◎实验后，你继续探究实验的原理了吗？原理是什么？得知原理后，你有什么感想呢？

根据这些问题，把实验过程写清楚。写完之后，读给爸爸妈妈听一听，看看哪里不通顺还可以改一改。

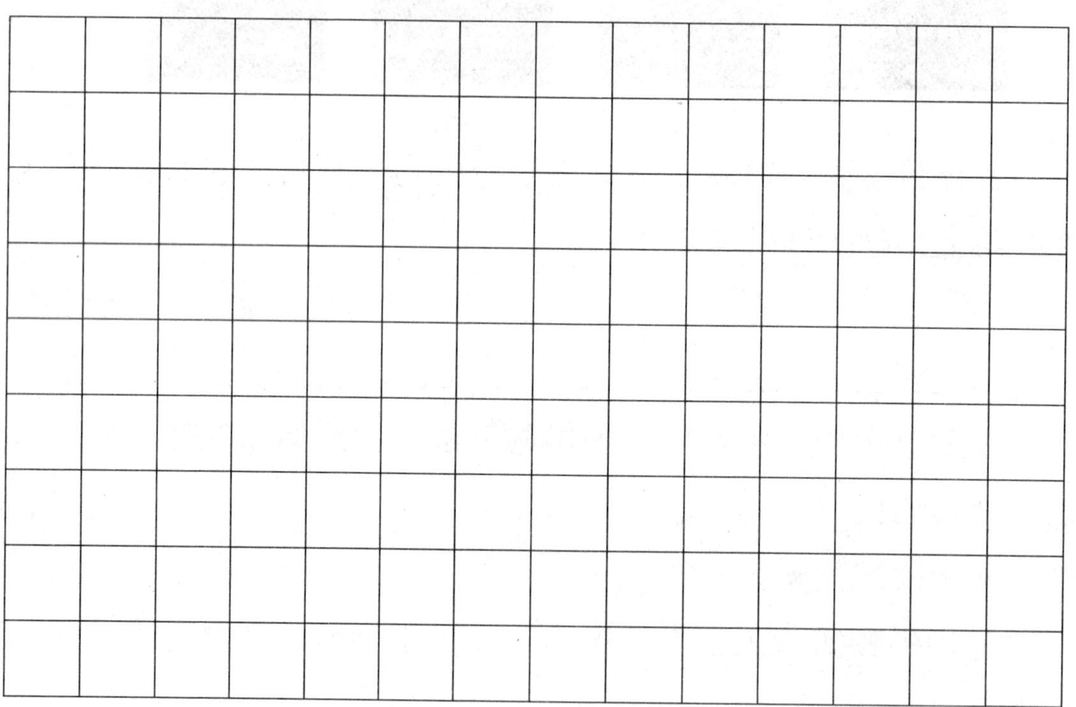

2. 说一说：将有趣的实验过程介绍给别人，和朋友一起试一试。

【项目作业三】梳理与探究

1. 留心生活，想一想：还有哪些生活现象能证明大气压强的存在呢?

2. 查阅资料，了解人们利用大气压强还发明了什么。然后和好朋友交流自己搜集的资料。

字词补给站

积累下面与“压力”有关的成语。

千斤重担　忍辱负重　如牛负重　任重道远

泰山压顶　重任在肩　锋芒逼人　委重投艰

负薪之忧　负重致远　不屈不挠　咄咄逼人

★实验大揭秘★

同学们，当风流过玻璃纸底部时，玻璃纸底部空气压强减小，上方的气压大于下方的气压，就将玻璃纸紧紧压住了，自然贴在了一起。当风停止时，玻璃纸上下的气压差消失，玻璃纸就会恢复原状。这个现象就是著名的伯努利现象。

神奇的“胶水”

有这样一种神奇的“胶水”，看不见，也摸不着，可它无处不在，而且还力大无穷。让我们通过一个小实验，揭开它神秘的面纱，走进奇妙的科学世界吧！

活动过程

活动项目：拔书河

活动场所：室内

活动时长：15 分钟

实验准备：两本页码较多且书脊处有背胶的书

实验过程：

第一步：将两本书的每一页像洗扑克牌一样依次交叉重叠。

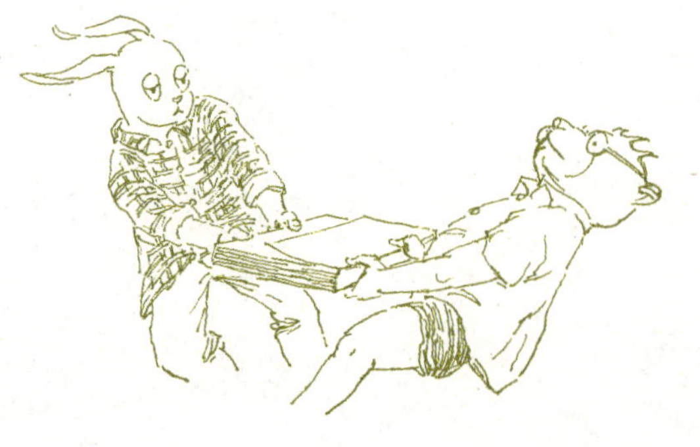

第二步：两两合作，尝试拉开叠好的书吧！

活动流程：

仔细观察父母做实验，用书拔河。

尝试自己做一做，然后想一想，是什么让书紧紧粘在一起的。

查一查资料，弄明白这种“胶水”般的力量是怎么产生的。

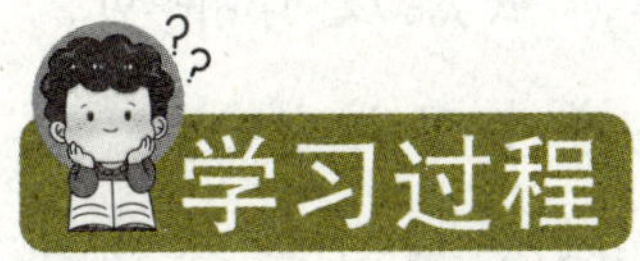

学习过程

学习目标：

1. 能参与“拔书河”的实验并观察父母拔河的过程。
2. 能查证这个实验中关于摩擦力的科学道理。
3. 能使用书面语和口头语表达实验过程中的观察所得。

学习项目：

【项目作业一】阅读与鉴赏

你已经知道了吧，这种神秘的力量就是摩擦力。接下来，阅读下面两篇关于摩擦力的小材料。

【材料一】

摩擦和摩擦力

摩擦是一种极为普遍的现象。铁钉和螺丝钉固定在墙上靠的是摩擦；各种零件装配成自行车、汽车、洗衣机等机器靠的也是摩擦；自行车刹车，汽车、火车制动等同样靠的是摩擦。假如世界上没有摩擦，人类怎样生活真是无法想象。

摩擦是相互接触的物体在接触面上发生阻碍相对运动的现象。阻碍相对运动的力叫摩擦力。根据不同的摩擦现象，摩擦又可分为静摩擦、滑动摩擦和滚动摩擦。

桌子放在水平地面上，用很小的力向前推，虽然没有推动，但它已有向前运动的趋势，桌子和地面之间就产生了摩擦力，这种摩擦力叫作静摩擦力。桌子受到的静摩擦力和它向前运动趋势的方向相反。静摩擦力的大小随推力的增大而增大，当推力增大到一定限度时，桌子就被推动了，这时的静摩擦力叫最大静摩擦力。作用在物体上的外力只有克服了最大静摩擦力，物体才开始滑动。瓦片盖在人字形的房顶上，铁钉能钉在墙上，筷子能夹住菜，人们在地面上行走，靠的都是静摩擦力。

物体沿另一物体表面滑动时所产生的摩擦力，叫作滑动摩擦力。物体受到的滑动摩擦力的方向和它的运动方向相反。对于同样两个物体来说，接触面上产生的滑动摩擦力要比最大静摩擦力略小一些。

一个物体在另一个物体上滚动时产生的摩擦力，称为滚动摩擦力。它比最大静摩擦力和滑动摩擦力要小得多，在一般情况下，滚动摩擦阻力只有滑动摩擦阻力的1/40至1/60，所以人们常利用滚动摩擦来减少摩擦力。

静摩擦力和滑动摩擦力的大小，与摩擦物体之间的压力及接触面的光滑程度密切相关。

压力越大，摩擦力越大；接触面越粗糙，摩擦力越大。皮带和皮带轮之间摩擦力太小，皮带会打滑，如果将皮带绷得紧点，或将松香涂在皮带表面，就可以增大摩擦力，防止打滑。

自行车、汽车轮胎上有凹凸的花纹，在结冰的路面上撒上煤渣，都是为了增大摩擦力，防止打滑。摩擦给人类带来很多方便，也带来了不少麻烦。例如：机器在开动时，滑动的部件之间因摩擦而浪费动力，还会使机器的部件磨损，缩短寿命。鞋子被磨破，自行车轮胎的花纹被磨平，也都是摩擦的缘故。

【材料二】

有摩擦力真好！

“嘭！”糟了，为什么我的手拿不住杯子，掉地上碎了呢？要赶快在妈妈回来前将地上清扫干净才行。

咦？我怎么在原地踏步呢？快呀！快呀！不行啊，还是停留在原地，怎么办？

看看窗外。哇，不得了，发生了大车祸！路上的人车都撞成一团，而后面的车子还不停地撞上去。对面正在施工的脚手架散落一地，原本堆在旁边的废土堆也覆盖到整个地面上，真是一团乱。

我不禁叹了一口气，自问：我们的世界到底怎么了？说时迟那时快，我竟以等速度移向厨房。我看看自己的脚，不对啊，我的脚并没有交替走动，为什么会……啊！要撞到墙了，此时我突然醒悟过来（半信半疑的），难道是失去摩擦力了？

此时我的身体尚在移动中，我赶紧将手插入墙与冰箱后缘的缝隙中，没想到身体与冰箱以同样速度一起移动，幸好速度较先前慢多了，顺手抓住门板，没想到整个门板被我给拆了下来，我的天啊！原来螺丝全松掉了。无奈，只好由他碰过来撞过去的，还好有面盾牌——门板。

嗯，没错，一定是失去摩擦力了！但是为什么出现这种情况呢？原因不明。是暂时性的吗？不知道。此时，我脑中充满了问号。

在一切恢复正常前，我唯一能做的就是顺其自然，见招拆招了。我环顾周遭，所有摆放在桌上、橱柜上、床铺上的东西早已掉落在地上，还不停地碰撞游走，当然也有不少东西从外面闯进来……就在这时，猛然惊觉我穿在身上的衣物早就松脱殆尽，只剩下几丝纤维挂在肩上，勉强维持平衡。

突然，一个黑影冲向我，“哎呀”！

“起床了！起床了！都几点了还睡！”我突然惊醒，睁开眼睛一看，真的是我的妈妈。原来是一场梦！

此时，中午十二点整，星期天的中午，恐怖的梦，结束了。我梳洗后，随便吃个午餐，穿上球鞋，骑上脚踏车去学校打篮球，又回到了正常的生活。有摩擦力真好！

分析与理解

1. 获取信息：材料一中说，摩擦是一种极为普遍的现象。根据不同的摩擦现象，摩擦力有哪几种类别？

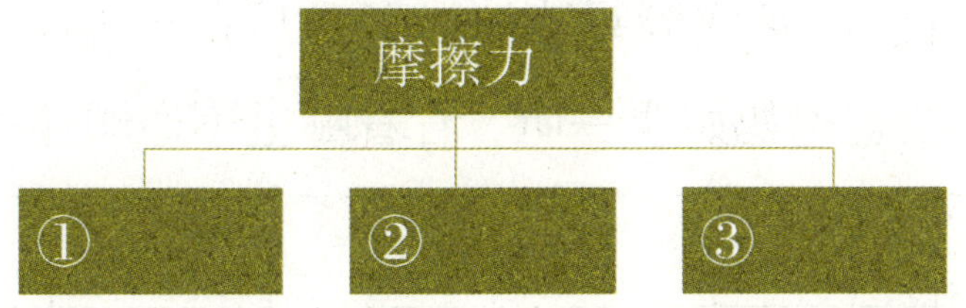

2. 形成解释：你觉得材料二中所描述的现象是哪一种摩擦力在起作用？选择两三个判断一下。

____

____

3. 评价鉴赏：都是介绍摩擦力，材料一和材料二的两种表达方式，你喜欢哪一种？和父母分享你的理由。

4. 创意运用：你知道为什么拔河比赛都要互换场地比赛两次才能真正决出胜负吗？

★阅读推荐★

《异想天开的科学游戏》（高云峰／著　铁猫／绘）

【项目作业二】表达与交流

1. 在仔细地观察爸爸妈妈做“拔书河”的实验后写一写，将实验的过程写清楚。

你可以这样来记录：

◎实验前，爸爸妈妈做了什么准备？

◎实验中，他们是怎么做的？你可以用“先……然后……最后……”的句式把实验的步骤一步一步写出来。其中，你印象最深的是什么？来展开写写吧！

◎实验后，你有什么想法和感受？

根据这些问题，把实验写清楚，还可以写一写自己当时的心情。写完之后，读给爸爸妈妈听一听，看看哪里不通顺还可以改一改。

2. 说一说：将有趣的实验过程介绍给别人，和朋友一起试一试。

【项目作业三】梳理与探究

1. 判断下面摩擦现象中，哪些是增大摩擦力，哪些是减少摩擦力。

（1）加深汽车轮胎的花纹。（　　）

（2）给车轴加润滑油。（　　）

（3）体操运动员往手上抹白色的粉末。（　　）

（4）冰壶运动员用冰壶刷擦冰面。（　　）

2. 还有哪些生活现象能证明摩擦力的存在呢？

3. 想一想：摩擦力到底是有利还是有害呢？查阅更多的资料，来支持你的观点。

字词补给站

积累下面与“力气”有关的成语。

拔山扛鼎　力挽狂澜　力大无比　不遗余力

不自量力　力透纸背　吹灰之力　缚鸡之力

回天之力　筋疲力尽　路遥知马力，日久见人心

★实验大揭秘★

当两本书一页一页相互交叠、密不可分时，每张纸之间的微小摩擦力积少成多，两本书之间的静摩擦力随之增大。这样一来，形成的巨大摩擦力就会使两本书变得密不可分，如同涂上了胶水一般。

有趣的热胀冷缩

同学们，你们是否发现：刚蒸好的馒头大，过了一会儿，馒头会略微缩小；温度计中的水银会随着体温的升高而升高；高压电线夏天会下垂，冬天会绷紧……这些究竟是怎么回事呢？来，做个小实验，感受温度的魔力！

活动过程

活动项目：乒乓球复原术

活动场所：室内

活动时长：15 分钟

实验准备：开水、乒乓球、能放乒乓球的杯子

实验过程：

第一步：拿一个乒乓球，压瘪后放入水杯中。

第二步：往水杯中灌入烧开的水。（此步骤须在家长的监护下完成）

第三步：观察乒乓球的变化，记下复原需要的时间。

活动流程：

动手做一做小实验，让乒乓球鼓起来。

查一查资料，想一想：乒乓球为什么会鼓起来？

找一找生活中热胀冷缩的实际例子。

学习过程

学习目标：

1. 能尝试让干瘪的乒乓球鼓起来，并观察整个实验过程。
2. 能理解实验中包含的热胀冷缩的科学原理。
3. 能使用书面语和口头语表达实验中的观察所得。

学习项目：

【项目作业一】阅读与鉴赏

你已经知道了吧，原来，乒乓球鼓起来，是由于热胀冷缩。接下来，阅读下面两篇和“热胀冷缩”有关的材料，继续长知识！

【材料一】

热胀冷缩的原理

科学课上，我们利用开水令干瘪的乒乓球复原了！看着“起死回生”的乒乓球，同学们除了欣喜，还很好奇：为什么烧开的水会有这么大的魔力呢？

科学老师将实验原理娓娓道来：“热胀冷缩是一个物理原理。物体内部有很多细小的微粒，叫作原子。这些原子时刻处于运动状态，就像是一群活泼好动的小朋友。当温度上升时，原子们的运动会加速，运动幅度随之变大，物体也会随之膨胀；但当温度下降时，原子们的运动会减速，运动幅度随之缩小，物体也会相应收缩。这个过程就叫作热胀冷缩啦！”

哇，温度的变化也能引起事物的变化。这节科学课着实让我收获了不少知识呢！课后，我还要看更多的课外书，了解更多的科学知识。

【材料二】

生活中的热胀冷缩现象

在日常生活中，我们经常看见一些物体受热时体积略微胀大，冷却时体积略微缩小，这就是热胀冷缩现象。科学地掌握这种现象，能帮助我们解决生产生活中的一些难题，给我们带来很大方便。瞧，黑黝黝的沥青路面会因为太阳的暴晒而向上拱起，这是路面因高温而膨胀，因此铺设路面时总会预留缝隙。瞧，刚买来的玻璃罐头很难开启，这是瓶中的液体由热变冷后，导致瓶内气体体积缩小，只需稍微加热罐头就很容易打开了。瞧，电工师傅们在搭建高压电线时，不会拉得太紧；夏天给车胎打气时，不会打得太足……这些都是考虑到了 ________________。

懂得了物质热胀冷缩的特性，我们可以利用这一特性解决生活中的许多问题，防止事故的发生。科技改善生活，此话一点都没错呢！

分析与理解

1. 获取信息：你能从材料一中找到热胀冷缩的主要原理，并用波浪线勾画出来吗？

2. 形成解释：你能将材料二中的那句话补充完整吗？

3. 创意运用：煮熟的鸡蛋剥不开壳，请你运用热胀冷缩的原理，想办法轻松剥壳。

★阅读推荐★

《趣味物理学》（［苏联］雅科夫·伊西达洛维奇·别莱利曼／著　戴光年／译）

【项目作业二】表达与交流

1. 仔细地观察，动手做一做乒乓球由瘪复原的实验后写一写，将实验的过程写清楚。

你可以这样来记录：

◎在做干瘪的乒乓球受热复原的实验时，你看到了什么？想到了什么？

◎当看到乒乓球受热复原后，你有什么想法或感受？印象最深的是哪个细节？

◎做完干瘪的乒乓球受热复原实验后，你明白的热胀冷缩原理是什么呢？你能联想起生活中哪些现象也是热胀冷缩吗？

根据这些问题，把实验过程写清楚。写完之后，读给爸爸妈妈听一听，看看哪里不通顺还可以改一改。

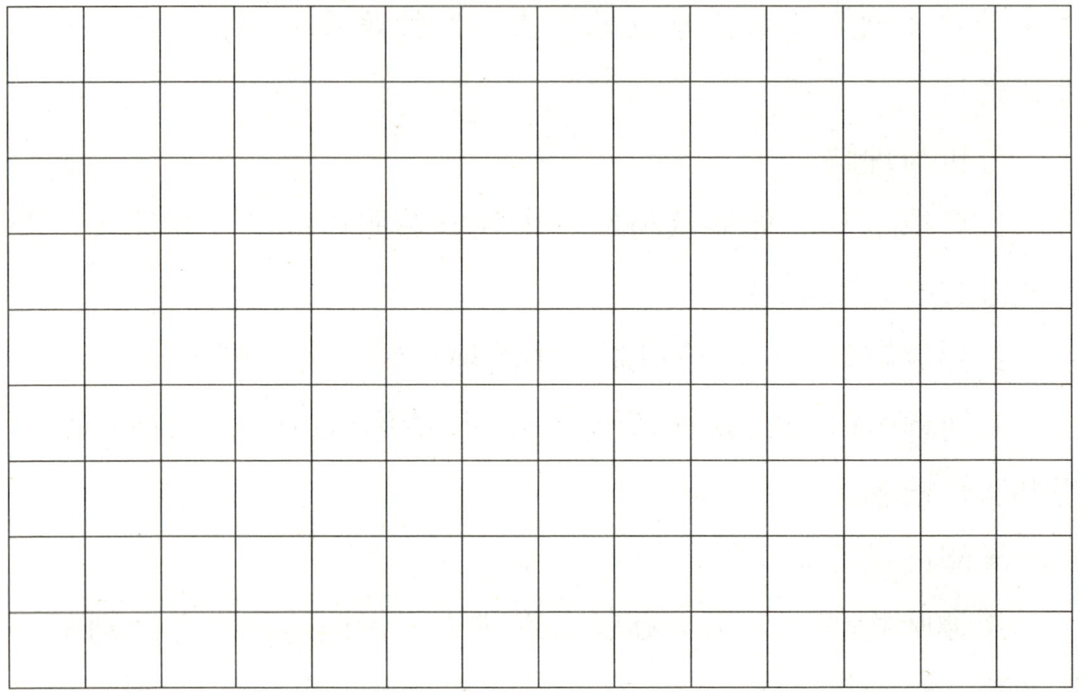

2. 说一说：将乒乓球由瘪复原的实验展示给同学，分享你学到的科学知识。

【项目作业三】梳理与探究

乐乐是个爱提问的小朋友，你能用今天了解到的科学知识来为他答疑解惑吗？

1. 为什么饮料瓶里的液体都不装满？

2. 温度计为什么能测量我们的体温呢？

3. 铁轨之间为什么要预留伸缩缝呢？

4. 冬天，打足气的篮球第二天为什么瘪了呢？

5. 冬天，暖水瓶的木头塞子为何偶尔会跳起来？

“为学患无疑，疑则有进。”请你也学乐乐那样，留心生活，多思多问，热胀冷缩的现象无处不在！

字词补给站

你可以积累下列与“冷热”有关的四字词语和句子哟！

滴水成冰　千里冰封　海天云蒸　夏水汤汤　热气腾腾

冻断麦根，牵断磨绳。

——农谚

霜严衣带断，指直不得结。

——［唐］杜甫《自京赴奉先县咏怀五百字》

★实验大揭秘★

乒乓球被开水烫过之后，球内的空气粒子就会因为温度的上升开始加快自己的运动速度。振动的幅度（宽度）加大，就会令乒乓球膨胀。当然，如果你的乒乓球瘪得太厉害或者已经裂开，再烫的水都无法让它复原哟！

探秘热传递

冬季出游时，我们总会带上保温杯，即使注入刚烧开的水，杯子的外壁始终也冰冰凉凉；家里有客人拜访时，我们给客人泡茶，注入热水后的玻璃杯变得滚烫难握。同样注入热水，手感却有这么大的区别，这是为什么呢？让我们做个小实验破解热传递的秘密吧！

活动过程

活动项目：热传递

活动场所：室内

活动时长：10 分钟

实验准备：开水、三个杯子、一个计时器、一把不锈钢长柄勺、一把木制勺、一把塑料勺（三把勺子大小尽量相同）

实验过程：

第一步：将不锈钢长柄勺放入倒入开水的杯中，静置相应的时间后拿出，用手指触摸长柄勺的不同部位，并记录下自己感受到的温度。

静置时间	勺头温度	勺柄温度
10 秒		
50 秒		
90 秒		

第二步：将不锈钢长柄勺、木制勺和塑料勺分别放入倒入开水的杯中，静置 1 分钟后，触摸感受勺柄温度，记录哪把勺子传热更快。

________ > ________ > ________

活动流程：

完成整个热传递体验，并完成记录。

根据自己的体验记录，总结热传递的方向，猜测材质对热传递的影响。

查阅资料，了解热传递，印证自己的总结与猜测。

学习目标：

1. 能参与“热传递”的实验并关注实验过程中的感受。

2. 能理解热传递这个体验活动中包含的科学道理。

3. 能使用书面语和口头语表达体验活动过程中的观察所得。

学习项目：

【项目作业一】阅读与鉴赏

你已经知道热是从高温向低温传递，并且好的导热体能使热量快速传导通过了吧！接下来，阅读下面两篇材料继续长知识吧！

【材料一】

保温杯说明书

感谢您选用 A 品牌不锈钢真空保温杯，本保温杯内外层均为食品级不锈钢材质（中间抽真空），有效阻隔空气传热，保温保冷效果俱佳。

为正确使用本产品，请在使用前仔细阅读说明书，以便解决您在使用过程中的疑惑。

产品信息

产品名称　A 品牌不锈钢真空保温杯

容量　550 ml

产品材质

内胆 国际标准食品级 304 不锈钢

杯盖 食品级 PP

密封圈 食品级硅胶

保温保冷性能 75 ℃以上（6 小时）

15 ℃以下（6 小时）

使用方法

未成年人请在大人的指导下或告知后使用；

初次使用前，请用温水浸泡 2 小时，彻底清洗干净后使用，效果更佳；

使用前加入少量冰水或热水进行预冷或预热，保温保冷效果更佳；

加水请留一定的空隙，以达到理想的密封效果，且便于饮用；

请按照顺时针方向拧紧盖子，以防渗漏。

注意事项

1. 避免强力冲击、碰撞，以免造成杯体变形，影响保温保冷效果。

2. 避免加入以下三类物质：

①内压易上升类：干冰、碳酸饮料等。

②易变质类：牛奶、乳制饮品、果汁等。

③盐分较高类：酱油、高汤等。

3. 清洗时，避免使用强力化学剂，以免造成损伤。

4. 请避免任何形式的直接加热（明火、微波炉等）。

【材料二】

导热体

分类	特点	例子
良导体	善于传导热	金属类，如铜、铁、铝、水银等
不良导体	不善于传导热	玻璃、石头、木头、皮革、棉花、羊毛、羽毛等

分析与理解

1. 获取信息：根据材料二提供的信息，圈一圈良导体。

金　石头　铜　棉花　羽毛　水银

2. 形成解释：为什么金属制的锅铲要用木头做把手呢？（用导热体的知识解答）

____

3. 创意运用：冬天，乐乐准备将热好的牛奶倒入保温杯内带到学校饮用。根据你的理解，你如何评价他的这种做法？你会怎样劝阻他呢？

★阅读推荐★

《奇怪的汤勺》（谢茹 / 文　宋娇 / 图）

【项目作业二】表达与交流

1. 在完成实验后写一写，将实验的过程写清楚。

你可以这样来记录：

◎准备开水和勺子时，你猜想它们和“热”有什么关系呢？

◎静置不同的时间后，你触摸勺子的不同部位分别有什么感受呢？随着时间的变长，你发现热的部位有什么变化呢？

◎当一个开水杯里有三把不同的勺子时，你猜想它们谁会最快传递热，谁又会是最慢的呢？等待的心情如何？验证自己的猜想时，心情如何？你又想到什么呢？

根据这些问题，把实验写清楚。写完之后，读给爸爸妈妈听一听，看看哪里不通顺还可以改一改。

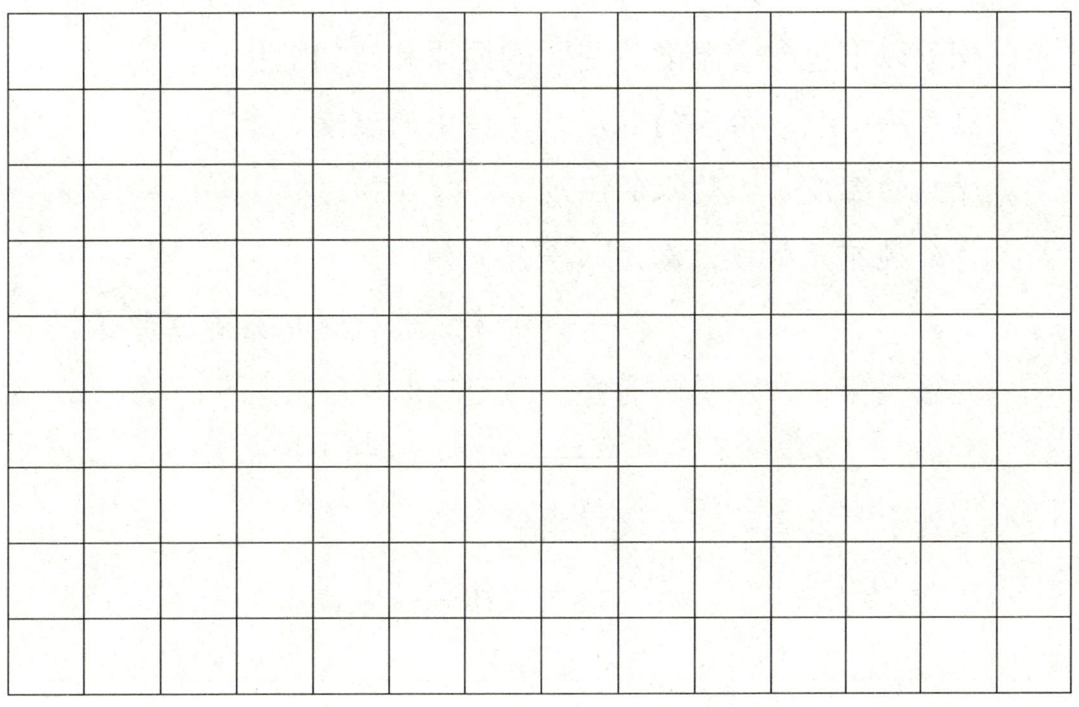

2. 说一说：将热传递的实验方法介绍给别人，和朋友一起试一试。

【项目作业三】梳理与探究

1. 乐乐是个留意生活的有心人，他发现小贩们在制作糖炒栗子时，锅里只有少量板栗，更多的却是沙子，这是为什么？妈妈还告诉乐乐，在她们小时候，冰棍都装在被棉被包裹的木头箱子里售卖，这又是为什么？聪明的你能根据今天学到的知识为乐乐解答吗？

2. 你也学学乐乐，做个生活的有心人吧，看看生活中还有哪些减缓或加快热传递的方法。

字词补给站

积累以下包含“温度感受”的词语和诗句吧！

热气腾腾　　怡人的温度　　适中的温度

燥热的温度　　灼人的温度

竹外桃花三两枝，春江水暖鸭先知。

——［宋］苏轼《惠崇春江晚景》

泥融飞燕子，沙暖睡鸳鸯。

——［唐］杜甫《绝句》

金沙水拍云崖暖，大渡桥横铁索寒。

——毛泽东《七律·长征》

★实验大揭秘★

只要在物体内部或物体间有温度差存在，热能就会从高温处向低温处传递。因此，不锈钢长柄勺勺头的温度最高，热感随时间逐渐传递到勺柄。

不同材质的物体的导热性不同，固体中的金属是热的良导体，传递热的速度最快，所以在开水中的三把勺子，不锈钢勺子温度最高。

大自然的“吸水大法”

你平常喝过盒装牛奶吧？当你将吸管插进纸盒时，即使没有挤压纸盒，牛奶有时也会自动流出来，这是什么原因呢？一起来看看吧！

活动过程

活动项目：自动出水的吸管

活动场所：室内

活动时长：15 分钟

实验准备：碗（或者大杯子）、一根吸管（最好是软吸管，也可以用纸盒饮料的吸管，吸管不要太长，否则影响实验效果）

实验过程：

第一步：将碗（或大杯子）装满水，将整根吸管放入水中，保证吸管中没有空气。

第二步：用手指封住吸管的一端，慢慢把吸管从水中提出，另一端仍然浸在水中。

第三步：放好吸管，松开手指，你发现________________。

活动流程：

观察水是怎样被“吸”出来的，又是在什么情况下停止流出的。

上下移动吸管，观察出水的变化，思考为什么会有这样的变化。

查阅资料，了解实验中藏着的科学道理，验证自己的猜测。

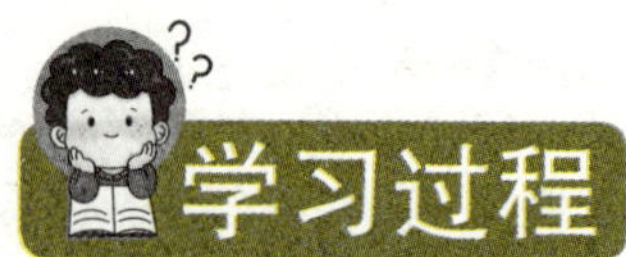

学习过程

学习目标：

1. 能参与实验过程并观察水从吸管中流出的过程。
2. 能查证本次实验中关于“虹吸”的科学道理。
3. 能使用书面语和口头语表达实验过程中的观察所得。

学习项目：

【项目作业一】阅读与鉴赏

你已经知道为什么吸管插进纸盒里有时会有饮料流出来了吧，其实很早以前，古人就发现了“虹吸”这个科学现象。接下来，阅读下面两段古文吧！

【材料一】

银瓶喝水

［宋］俞琰

予幼时有道人见教①，则剧烧片纸纳②空瓶，急覆于银盆水中，水皆涌入瓶，而银盆铿然有声③，盖火气使之然④也。又依法放于壮夫腹上，挈⑤之不坠。

（节选自《席上腐谈》）

【注释】

①见教：称对方指教自己。

②纳：放进去。

③铿然有声：形容发出响亮的声音。

④然：如此、这样、那样。

⑤挈：拿起、提起。

【译文】

我小的时候，有道士曾经教过我一个戏法：将燃烧的纸片放入空瓶中，然后扣在装有水的银盆中，盆中的水会被吸入瓶中并发出响亮的声音，这都是瓶里的火气造成的。依照这样的方法，将烧过的瓶子放在壮汉的肚子上，想要取下来也是很困难的。

【材料二】

寻水泉法

凡水泉有峻山阻隔者，取大竹去节，雌雄[①]相合，油灰黄蜡固缝，勿令气泄。推竹首插水中五尺，于竹末烧松桦薪[②]或干草，使火气自竹内潜通水所，则水自中逆上。

（节选自《武经总要》）

【注释】

①雌雄：这里指头尾。

②薪：柴火。

【译文】

若遇到水源被高山阻隔的情况，可以找来大竹筒，先去除中间的节，然后头尾相连成为主管。要在接口处用油灰黄蜡等物质密封好，保证竹管不漏。将接好的竹管头部推入山外面水源中大概五尺深，最后点燃柴火或干草，用火烧竹筒的尾部。当火气到达水源的时候，山另一边的水自然就被吸过来了，水源源不断地流出，隔山取水的任务就完成了！

分析与理解

1. 获取信息：阅读材料二，古人是怎样利用虹吸原理进行取水的？请结合注释和译文理解后，在文中用横线画出来。

2. 形成解释：两则材料中都提到了“火气”，结合你的理解，用自己的话说说“火气”引水的原理吧！

____

____

3. 创意运用：试试用图画或是实物演示还原古人隔山取水的过程吧！（在方框中画图或是贴上手工制作演示的照片）

★阅读推荐★

《万物小历史》（张玉光 / 编著）

【项目作业二】表达与交流

1. 在完成虹吸实验后，将实验过程记录下来，把过程写清楚。

你可以这样来记录：

◎实验前你做了什么准备？

◎实验中，你是怎么做的？用表示顺序的词语把整个过程写清楚，还要具体描写水从吸管里流出的状态以及当你移动吸管时水流的变化。

◎实验后，你有什么想法和感受呢？

写完之后，读给爸爸妈妈或同学听一听，看看哪里不通顺还可以改一改。

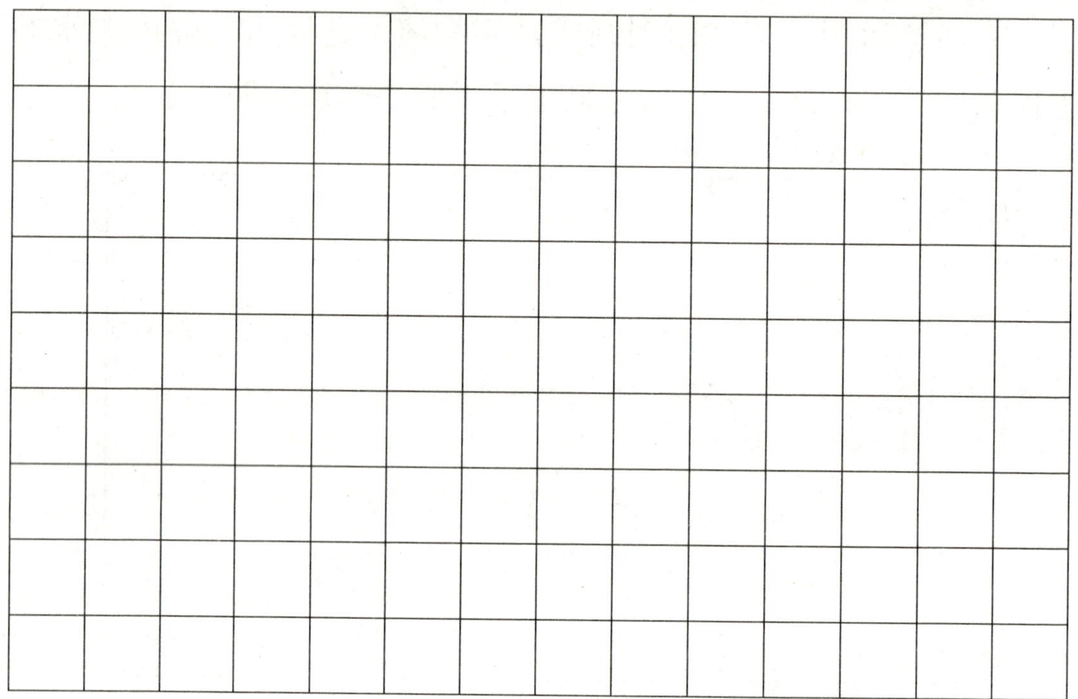

2. 说一说：将这个神奇的实验过程介绍给别人，和朋友一起试一试。

【项目作业三】梳理与探究

1. 留心观察：生活中还有哪些现象用到了虹吸原理呢？

2. 搜集资料，查一查虹吸的科学原理还会用在哪些地方。

字词补给站

积累下面关于“虹”的成语和诗句。

白虹贯日　　气贯长虹　　虹销雨霁

小驿香醪如雪汁，一杯快作长虹吸。

——［宋］孙觌《崇仁县》

端溪石砚天下奇，紫光夜半吐虹霓。

——［宋］张九成《寄端砚与樊茂实因作诗以遗之》

★实验大揭秘★

这个实验的第一步是将吸管装满水，保证管内没有空气。第二步保证吸管的一头浸没于水中，另一头拉出，让它低于碗中水面的高度，这就让吸管的两头形成了一个高度差。不同的高度，大气压强也不同，碗里的水便这样被“吸”出来了，这就是科学界中有名的虹吸原理。

神奇“魔法水”

真是太怪了！这是一种神奇的现象，同样的一种水为什么加入不同的液体之后，就会变成不同的颜色呢？难道它真的有神奇的魔法？让我们通过一个小实验探探究竟！

活动项目：制作神奇的“魔法水”

活动场所：厨房

活动时长：20 分钟

实验准备：三分之一颗紫甘蓝、半杯白醋、半杯肥皂水、两个水杯、滤网、小锅

实验过程：

第一步：切碎大约一碗分量的紫甘蓝放到小锅中，加入两碗水来煮，直到水变成深紫色，过滤后倒入碗中冷却备用。（我们把这种紫甘蓝水叫作“魔法水”）

第二步：在两个水杯中倒入等量的“魔法水”，分别放入少量的白醋和肥皂水。观察两个杯子中液体的颜色变化，你会发现加白醋后液体的颜色变成了 ________，加肥

皂水后液体的颜色变成了 ________。

第三步：试试看，在加了白醋的那杯液体中，再倒入少量的肥皂水，你发现液体的颜色 ________。

活动流程：

准备好实验用品，按照实验过程做一做。

在调试过程中如遇困难，向爸爸妈妈请求帮助。

查一查资料：是什么魔法让紫甘蓝水的颜色发生了变化？

学习目标：

1. 能参与并观察实验过程，感受科学的神奇力量。
2. 能探究、查证实验中紫甘蓝水变色的奥秘。
3. 能使用书面语和口头语表达观察所得。

学习项目：

【项目作业一】阅读与鉴赏

想必你已经知道了吧，原来紫甘蓝中含有花青素，花青素遇到酸性的液体就变成红色，遇到碱性的液体则变成蓝色。这种变色本领太神奇了吧！接下来，请阅读下面两篇材料，结识更多的“魔法水”！

【材料一】

17 世纪的一个夏天，英国著名化学家波义耳正急匆匆地向自己的实验室走去，刚要跨入实验室大门，阵阵醉人的香气扑鼻而来，他这才发现花圃里的花开了。

他本想好好欣赏一下迷人的花朵，但想到一天的实验安排，便摘下几朵紫罗兰插入一个盛水的烧瓶中，然后开始和助手们做实验。不巧的是，一个助手不慎把一滴盐酸溅到紫罗兰上，爱花的波义耳急忙把冒烟的紫罗兰用水冲洗了一下，重新插入花瓶中。谁知当水落到花瓣上后，溅上盐酸的花瓣奇迹般地变红了。波义耳立即敏感地意识到紫罗兰中有一种成分遇盐酸会变红。那么，这种物质到底是什么？别的植物中会不会有同样的物质？别的酸对这种物质会有什么样的反应？这对化学研究有什么样的意义？这一奇怪的现象以及一连串的问题，促使波义耳进行了许多实验。

由此他发现，大部分花草受酸或碱的作用都会改变颜色，其中以石蕊地衣中提取的紫色浸液最明显，它遇酸变成红色，遇碱变成蓝色。利用这一特点，波义耳制成了实验中常用的酸碱试纸——石蕊试纸。在以后的 300 多年间，这种试纸一直被广泛应用于化学实验中。

（节选自人教版语文教材六年级下册）

【材料二】

玻尔巧藏诺贝尔金质奖章

玻尔是丹麦著名的物理学家，曾获得诺贝尔奖。第二次世界大战中，玻尔被迫离开将要被德国占领的祖国。为了表示他一定要返回祖国的决心，他决定将诺贝尔金质奖章溶解在一种溶液里，装于玻璃瓶中，然后将它放在柜面上。

后来，纳粹分子窜进玻尔的住宅，那瓶溶有奖章的溶液就在眼皮底下，他们却一无所知。这是一个多么聪明的办法啊！战争结束后，玻尔又从溶液中还原提取出金，并重新铸成奖章。新铸成的奖章显得更加灿烂夺目，因为，它凝聚着玻尔对祖国无限的热爱和无穷的智慧。

那么，玻尔是用什么溶液使金质奖章溶解的呢？原来他用的溶液叫王水。王水是浓硝酸和浓盐酸按 1∶3 的体积比配制成的混合溶液。

由于王水中含浓硝酸和浓盐酸两大强酸，因此它具有强大的溶解性，就连金子也能够轻松溶解。同时它还具有能够让溶解后的金子还原的特殊属性，所以玻尔才能成功地从溶液中提取出金。

分析与理解

1. 获取信息：材料二中，“这是一个多么聪明的办法啊”，玻尔是用什么方法把诺贝尔金质奖章藏起来的？

____

2. 形成解释：材料一中，波义耳是如何制成石蕊试纸的？用自己的话来说一说。

3. 评价鉴赏：材料二第三自然段的问句在文中有何作用？请结合全文内容说说你的看法。

★阅读推荐★

《孩子提问题，大师来回答》（［英］杰玛·埃尔文·哈里斯／编著　杜冰／译）

【项目作业二】表达与交流

1. 完成实验后，结合体验写一写，将实验的过程写清楚。

你可以这样来记录：

◎实验前，你做了哪些准备？在准备“魔法水”的过程中，你看到了什么？闻到了什么？对即将开始的实验有什么想法？

◎实验中，你是怎么做的？杯中的颜色是怎么慢慢变化的？在实验过程中，你遇到困难了吗？怎样解决的？

◎实验后，你得出了什么结论？你还联想到了哪些生活现象呢？

根据这些问题，把实验写清楚，还可以写一写当时家人间的对话。写完之后，读给爸爸妈妈听一听，看看哪里不通顺还可以改一改。

2. 说一说：将这神奇的实验过程介绍给别人，和朋友一起试一试。

【项目作业三】梳理与探究

1. 是不是尝着酸的东西就一定是酸性物质呢？这可不一定。感兴趣的话你可以查阅资料，了解生活中常见食物的酸碱性。

2. 购买一盒配有比色卡的 pH 试纸，来探究水果中的酸性程度吧！

步骤一：将苹果、葡萄、西红柿（或是其他你想探究的水果）榨成汁，分别倒入杯子中；

步骤二：将买来的 pH 试纸分别插入果汁中，静置一会儿；

步骤三：将试纸比对 pH 值色别表，看看哪一种水果酸性更强。

字词补给站

积累下面描写“化学实验过程”的词语与诗句。

火光四射　迅速膨胀　骤然降压　生成气体　液体冒泡

生成沉淀　溶液浑浊　死灰复燃　转瞬即逝　一成不变

试玉要烧三日满，辨材须待七年期。

——［唐］白居易《放言》

★实验大揭秘★

原来，紫甘蓝中含有一种拥有变色本领的物质，叫花青素。花青素遇到不同属性的液体会变出相应的颜色——遇到酸性的液体（白醋）就变化出红色，遇到碱性的液体（肥皂水）则变化出蓝色。当肥皂水和白醋融合后，酸与碱中和，颜色自然就变回原来的紫色啦！

隐形“墨水”

你一定和家人一起看过谍战片吧！电视剧里那些从事情报工作的叔叔阿姨都有一项特殊技能——写“无字”密信，只有自己人用特殊的方法才能读出信上的内容。你想拥有这样神奇的隐形“墨水”吗？赶紧试试下面的小实验，探寻其中的科学奥秘吧！

活动项目：“无字”密信

活动场所：室内

活动时长：10 分钟 +10 分钟

实验准备：白醋、白纸、蜡烛、打火机、小茶杯、棉签（或者毛笔）

实验过程：

第一步：倒些白醋在小茶杯中，用棉签蘸取白醋，在白纸上写下你想对父母说的话，然后将白纸晾干。

第二步：家长点燃蜡烛，将晾干的白纸在蜡烛上来回移动、烘烤，直到秘密内容出现。（温馨提示：此步骤一定在家长陪同下完成）

第三步：瞧，原来白白的纸上显出内容来了！

活动流程：

用蘸了白醋的棉签在白纸上工整地写下自己想对父母说的话。

仔细观察家长烘烤白纸的过程，看一看字迹是怎样一步步显形的。

查一查资料，了解这种神奇现象产生的原因。

学习过程

学习目标：

1. 能参与“‘无字’密信”的实验并观察整个实验过程。
2. 能明白“‘无字’密信”这个实验中借助的科学道理。
3. 能使用书面语和口头语表达实验中的观察所得。

学习项目：

【项目作业一】阅读与鉴赏

你已经知道利用白醋传递密信的原理了吧！其实呀，生活中可以隐形的“墨水”还有很多呢！来，阅读下面两篇小材料长知识吧！

【材料一】

《科学直播间》之破解“血手印”

文 / 予昊

主持人：大家好，欢迎收看《科学直播间》，我是主持人壮壮老师。

（画外音）提起巫师、巫婆，你们会想到什么呢？一定是驱鬼降妖吧！巫师们引以为傲的是“收妖”——他们能在一张雪白的纸上拍出一个“血手印”，接着将印有“血手印”的纸往水盆里面一放，“血手印”会慢慢消失，妖怪就此烟消云散。怎么样？神奇不神奇？厉害不厉害？准备好小板凳，听我们为你解密吧！

主持人：今天做客我们《科学直播间》的，是来自《疯狂动物城》里的大侦探——兔子朱迪小姐，掌声有请！

朱迪：大家好，我就是正直勇敢，偶尔糊涂也有点固执的警官朱迪！很开心能做客《科学直播间》，为大家破解神奇的“血手印”！

主持人：哇，没想到这么多年过去了，朱迪警官还是这么英姿飒爽啊！请为我们解密吧！

朱迪（从包里掏出了一个小小的玻璃瓶，瓶中装着一些白色的粉末）：大家看，这个玻璃瓶中装着的粉末叫“酚酞”。酚酞遇碱会变成红色，遇酸就自然地会褪色，巫师们就是利用了这个原理。他们先把酚酞喷到一张白纸上再晾干，做法的时候，手上再蘸点碱水，往纸上一拍，一个“血手印”就出现了。水盆里水也有玄机，是兑了白醋的酸水，所以纸往水里一搁，“血手印”自然就褪色，消失了。

主持人：真是太神奇了，不如请朱迪警官为我们演示一遍？

朱迪不慌不忙地戴上橡胶手套，配好碱水与白醋水，然后拿出一张白纸，逐步还原了“血手印”出现与消失的过程。

朱迪：最后，我还有个温馨提示：酚酞是一种危险的致癌物质，为了身体健康，小朋友们可不要轻易尝试“血手印”的实验哟！

主持人：感谢朱迪警官的精彩分享。《科学直播间》，开心长知识，咱们下期见！

【材料二】

不翼而飞的字

文 / 悠然

“一九二九不出手，三九四九冰上走。”森林小学四年级办公室里，白兔老师拿出了最近购买的电热桌垫，“今年冬天可是冷出了新高度啊！幸好，我有暖手神器！”

铺好桌垫，白兔老师满足地坐了下来，准备批改同学们刚完成的小题单。可是，没过一会儿，怪事发生了——题单上，同学们工整的字迹如同变魔术一般，逐渐淡化，直至消失！这怪异的情况不仅出现在正在批阅的这份题单上，之前已经批改完毕的题单上也是如此，只剩下一堆红色的批改印记，仿佛在努力地证明这些题单上确实存在过什么似的。

“哦，我的天啊！发生了什么？这些字怎么不翼而飞啦？”白兔老师吓得耳朵都竖了起来。

“怎么啦？”邻座的浣熊老师放下手中的书，走过来询问白兔老师。

白兔老师如同抓住救命稻草一般，噼里啪啦地描述了刚才发生的怪异事件。“这可怎么办？全班那么多份作业，我怎么还给同学们啊！”末了，白兔老师的红眼睛更红了。

浣熊老师拿起一张题单，对着灯光看了看，又摸了摸白兔老师那崭新的电热桌垫，一副了然的神态，说道：“别急别急，把试卷交给我，我有办法让这些字都回来。”说完，在白兔老师诧异的目光中，他夹起那摞题单离开了办公室。

片刻之后，浣熊老师拿着题单一脸得意地回来了。白兔老师凑近一看，那些字真的回到了题单上，仿佛之前什么都没发生过。

“白兔老师，同学们答题时，肯定用的是现在流行的热可擦笔！寻常钢笔写出的字，不能擦。可是用这种笔写出的字，只要一摩擦，便可消除，只有在强光下仔细看才能看见隐约的黄色字迹。”浣熊老师将试卷递给了白兔老师，“之所以这么神奇，是因为它用的是‘热敏墨水’，这可是高科技产品哟！不过，这种墨水虽然遇热消失，但是遇冷也会还原。刚才呀，我就是去外面溜达了一圈，瞧，字迹不就回来了吗？哎呀，外面实在太冷了！”浣熊老师搓了搓冻得通红的双手。

白兔老师恍然大悟：“谢谢，辛苦你了！我马上关掉电热桌垫，绝不让字迹再次溜走！”

分析与理解

1. 获取信息：阅读材料一，你知道了，酚酞遇碱水会变成__________，遇酸水会__________。

2. 获取信息：材料二告诉我们，由于摩擦发热，所以用__________书写的字迹会短暂消失，只有在__________下仔细看才能看见隐约的黄色字迹。但是，__________后，字迹又会重新显现出来。

3. 创意运用：你能利用“热敏墨水”和伙伴们玩一次传递密信的游戏吗？

★阅读推荐★

《植物大战僵尸2武器秘密之你问我答科学漫画（化学卷）》（笑江南／编绘）

【项目作业二】表达与交流

1. 在完成实验后写一写，将实验的过程写清楚。

你可以这样来记录：

◎用白醋写字时，你对密信做了哪些设计？在写密信的过程中，你闻到了什么？看到了什么？想到了什么？

◎父母用火烤密信时，他们是怎样做的？字迹是怎样浮现出来的？你印象最深的是什么时候？此时，你看到了什么？听到了什么？想到了什么呢？

◎父母看到你的密信后，有什么表现呢？你对此次实验有什么感触呢？

根据这些问题，把实验写清楚。写完之后，读给爸爸妈妈听一听，看看哪里不通顺还可以改一改。

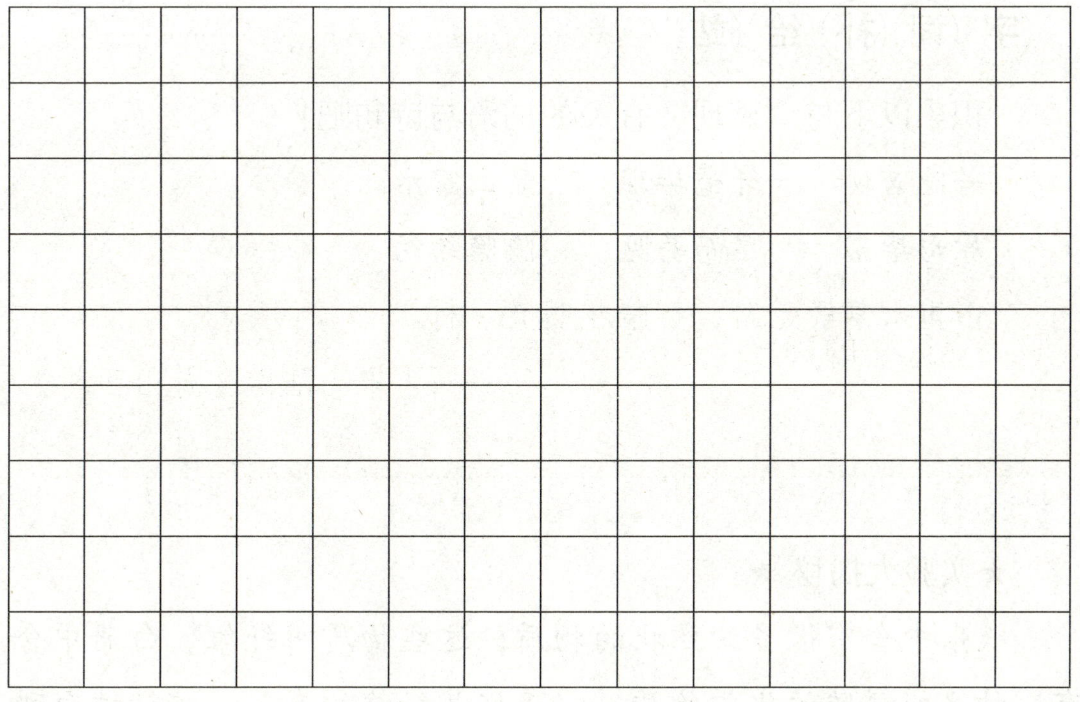

2. 说一说：将用白醋写密信的方法介绍给别人，和朋友一起试一试。

【项目作业三】梳理与探究

1. 我们平时天天见的食物中也含有一种制作隐形“墨水”的原材料哟！它的名字叫淀粉。结合你已有的科学常识，找找以下哪些食物中含有淀粉。（将你觉得可能含有淀粉的食物圈出来）

馒头　花卷　面包　大饼　米饭　绿豆　土豆　苹果

2. 碘酒可是淀粉的专业鉴别师哟！来吧，让我们将碘酒滴到之前圈出的那些食物上，验证我们的猜测吧！

字词补给站

积累以下与“显现”有关的词语与诗句吧！

若隐若现　　纤毫毕现　　显山露水

原形毕露　　显而易见　　隐隐约约

山重水复疑无路，柳暗花明又一村。

——［宋］陆游《游山西村》

★实验大揭秘★

纸张中含有很多细丝状的物质，这些物质叫纤维。白醋中含有一种名叫醋酸的化学物质，它正好是纤维的克星。接触过白醋的纸面，纤维遭到了破坏，因此，在蜡烛火焰的烘烤下，这些地方更容易烧焦。我们看到的字迹实际上就是被轻度烤焦的颜色。告诉你哟，这个实验中的白醋还可以换成柠檬汁，因为柠檬汁中也含有醋酸呢！

秀外慧中的“柑橘精油”

蜜橘、栌柑、脐橙、广柑、砂糖橘、果冻橙、葡萄柚……这么多酸酸甜甜的“柑橘类代言人”，哪一个是你的最爱？你知道吗，柑橘一身都是宝，不仅多汁甘香的果肉能为我们提供丰富的维生素，那一身黄赤色的果皮里也藏着“至宝”呢！赶紧试试下面的小实验，探寻其中的科学奥秘吧！

活动过程

活动项目：脐橙皮“喷火星”

活动场所：室内

活动时长：5 分钟 +5 分钟

实验准备：脐橙（可以用皮较厚的柑橘替换）、水果刀、蜡烛、打火机

实验过程：

第一步：将脐橙对半切成4–6瓣后，吃掉果肉，剩下果皮。

第二步：将室内光线调至最暗，然后点燃蜡烛。

第三步：果皮光滑面离火苗大约 2 毫米的距离，然后对折并用力捏果皮。

活动流程：

留意观察切脐橙与尝果肉时粘到手上的附着物。

调动五感仔细观察对着火焰挤压果皮时，烛光的变化。

查一查资料，了解这种神奇现象产生的原因。

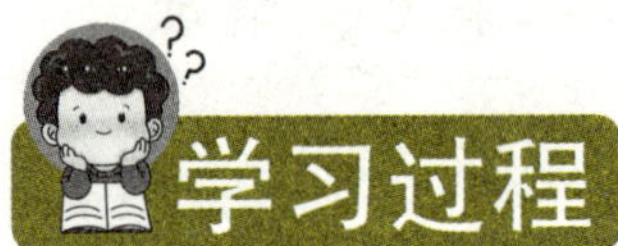

学习过程

学习目标：

1. 能参与“脐橙皮‘喷火星’”的实验并观察实验过程中烛光的变化。

2. 能知道让脐橙皮“喷”出“小火星”的神秘物质是柑橘精油。

3. 能使用书面语和口头语表达本次实验过程中的观察所得。

学习项目：

【项目作业一】阅读与鉴赏

你已经和柑橘精油亲密接触了吧！若是认为柑橘精油只能造“火星”，那可就太委屈它了！来，阅读下面两篇小材料，走进“精油”大家族吧！

【材料一】

《科学直播间》之精油派对

文 / 予昊

主持人：大家好，欢迎收看《科学直播间》，我是主持人壮壮老师。

（画外音）精油是大自然赐予我们的礼物。古埃及人用植物香料来处理尸体，有了千年不腐的木乃伊；上古时期的炎帝尝百草，以植物精华拯救苍生。从古至今，精油以不同的姿态融入我们的生活。随着生活水平的提高，热衷于囤积精油的人越来越多，怎样才能更好地物尽其用呢？走进今天的《科学直播间》，开启我们的美好生活吧！

主持人：今天做客我们《科学直播间》的，是来自青青草原乖巧可爱、心灵手巧的美羊羊。掌声有请！

美羊羊：大家好，我就是钟情于一切美丽事物的美羊羊！很开心能做客《科学直播间》，为大家普及精油常识！

主持人：美羊羊小姐，你好！先为大家讲讲什么是精油吧！

美羊羊（点头微笑）：自然界中某些植物的细胞会分泌出芳香的分子，这些分子聚集成香囊，散布在花瓣、叶子或者树干上。

将这些香囊提炼萃取后，就得到了植物精油。来自某一种植物或者植物某一部分的精油叫单方精油，通常以本植物或植物部位命名，比如我最喜欢的玫瑰精油。此外，还有复方精油、有机精油等。

主持人：是的，最近几年，精油得到了像美羊羊这类爱美人士的认可与追捧。她们将精油加入日常护理产品中，对皮肤的护理起到了很好的作用。除了美容，很多精油还可对抗病毒、细菌、霉菌，对净化空气、调节内分泌、治疗呼吸道疾病等都有不错的疗效。

美羊羊：冬季雾霾天对老人和小孩的呼吸道非常不友好，可以在家中准备三款净化空气的精油——尤加利精油、茶树精油和薰衣草精油。在香薰仪中加入这三种精油，可以很好地净化空气、抗病毒、提升人体免疫力呢！

主持人：感谢美羊羊和我们分享她的精油使用心得。更多精油妙用，欢迎大家在节目公众号上分享。《科学直播间》，开心长知识，咱们下期见！

【材料二】

柑橘精油说明书

品牌名称：柑橘精油

产品气味：细致优雅的香甜，独特的柑橘皮本味中还夹带少许清爽的花香。

产品性能：能舒缓沮丧、焦虑情绪，使人心情愉悦、能量充沛。

提取方式：常用冷榨法与蒸馏法。

使用方式：熏香，局部涂抹于皮肤当香水，加入沐浴露中清洁肌肤等。

明星产品：佛手柑精油、柠檬精油、葡萄柚精油、红橘精油。

注意事项：

1. 精油极易挥发，应装入深色玻璃瓶中，塞紧瓶盖，避光放置于干燥、阴凉处。

2. 柑橘精油含有光敏性物质，若使用后被阳光照射，容易对皮肤造成伤害，最好在夜间使用并避开光照。

分析与理解

1. 获取信息：阅读完材料一，你知道精油是什么了吗？请用横线在文中画出来吧！

2. 形成解释：材料一中，主持人和美羊羊一共为我们普及了几点精油常识呢？请你简短地描述。

____

3. 创意运用：乐乐的妈妈最近迷上了精油养生法，购买了一大堆精油，洗面奶里加精油、沐浴露中加精油、洗手液里加精油……为了方便使用，她还把精油就近放置于厨房、卫生间里。你认为她的做法对吗？如果你是乐乐，你会怎样提醒妈妈呢？（请根据两则材料提供的信息，有礼、有据、有序地给妈妈提建议。）

★阅读推荐★

《趣味化学》（［法］让·亨利·卡西米尔·法布尔／著　刘畅／译）

【项目作业二】表达与交流

1. 在完成实验后写一写，将实验的过程写清楚。

你可以这样来记录：

◎切脐橙、剥脐橙皮时，你的手上是否有一层滑滑的物质？凑近看看，是什么颜色？搓搓手指，什么感觉？闻一闻，什么味道？边品尝果肉边猜想一下，之后的“喷火”实验会出现什么情况呢？

◎当你把果皮凑近蜡烛的火焰，重重挤压果皮的那一刻，你看到了什么？闻到了什么？有什么感受？你是否欲罢不能，反复尝试呢？每一次挤压产生的火花都一样吗？你印象最深的是哪一刻的场景呢？你的心情是否也和那火焰一般起伏不定呢？

◎你明白脐橙皮“喷火”的原因了吗？总结一些技巧分享给大家吧！

根据这些问题，把实验写清楚，适时加入自己的心情。写完之后，读给爸爸妈妈听一听，看看哪里不通顺还可以改一改。

2. 说一说：将用脐橙皮“喷火”的方法介绍给别人，和朋友一起试一试。

【项目作业三】梳理与探究

1. 柑橘精油中的柠檬精油具有极好的清洁功效。自制一盆多功能清洁剂，趁周末，来一次家庭大扫除吧！

（清洁剂配方：白醋50毫升＋柠檬精油15滴＋温水150毫升）

（为你的“新家”拍个靓照，顺便写一两句评价呗！）

2. 精油还有哪些居家妙用呢？你可以搜集身边人的金点子，

也可以和家长一起到网站上查询哟！

字词补给站

积累以下描写“植物香氛”的成语与诗词吧！

芬芳馥郁　沁人心脾　桂馥兰馨　桂子飘香　暗香疏影

暗淡轻黄体性柔，情疏迹远只香留。

——［宋］李清照《鹧鸪天·桂花》

疏影横斜水清浅，暗香浮动月黄昏。

——［宋］林逋《山园小梅》

梅花一夜漏春工，隔纱窗暗香时送。

——［元］张弘范《新水令》

★实验大揭秘★

脐橙皮中含有柑橘精油，这是一种助燃剂。对着蜡烛火焰挤压脐橙皮时，柑橘精油喷向火焰，好比“火上浇油”，必然会发出闪烁的火光啦！

似是而非的身份

咱们天天吃蔬菜，可你知道每样蔬菜属于植物的哪部分吗？例如：我们常食用的蔬菜藕，它出于淤泥之中，它是根吗？它和水果一样有皮有汁液，它是果实吗？它有节，中间有圆圆的小孔，它是茎吗？

你可能不知道，为了适应环境变化，更好地生存，植物和人一样也在进化，有些植物的器官已变得不易区分。让我们走进“出土”蔬菜们的世界，解密它们的真实身份吧！

活动过程

活动项目：解密“出土”蔬菜的真实身份

活动场所：菜市场

活动时长：周末

实验准备：查一查资料，了解植物的根、茎和果实的特点。

下面是乐乐同学整理的资料，你可以参考：

植物器官特征表

植物	根	根是植物的营养器官，通常位于地表下面，负责吸收土壤里面的水分和营养。	主根 侧根
植物	果实	果实一般包括果皮和种子两部分，其中，果皮又可分为外果皮、中果皮和内果皮。	果皮 种子
植物	茎	茎是根和叶之间起输导和支持作用的植物体重要的营养器官。植物的茎分为直立茎、缠绕茎、攀缘茎、匍匐茎和平卧茎。还有很特别的“变态茎”。	顶芽 腋芽 节间 节 皮孔 叶痕 芽鳞痕 束痕

调查过程：

确定一种“出土”蔬菜作为调查对象，猜一猜它可能是植物的哪种器官。

到菜市场观察调查对象，记录它们的表面特征。

比对植物器官特征表与自己的观察记录，确定调查对象的真实身份。

调查记录：

“出土”蔬菜	表面特征	身份核定
藕	藕的表皮是灰褐色的，上面有一些黑色的麻点。藕是一节一节的，每一节都胖嘟嘟的，用手弹一弹，能发出响声，能感觉到里面是空的。连接每一节的地方表面是灰棕色的，还有一些小黑点和一些须根。	对照乐乐同学查找记录的植物器官特征，我确定，藕肯定不是果实，因为它的内部是空的，没有种子；它有节，节上有须根，可以确定，藕是与根相连的茎。

学习目标：

1. 能搜集整理科学调查所需的相关科学知识。
2. 能观察常见“出土”蔬菜的表面特征，确定其真实身份。
3. 能使用书面语和口头语描述观察所得，说清自己的判断。

学习项目：

【项目作业一】阅读与鉴赏

你已经知道了吧，有些蔬菜深埋土里，却不是植物的根，而是茎。这些变了模样的茎，被叫作变态茎。接下来，阅读下面两篇小材料，然后为“出土”蔬菜马铃薯设计一张独一无二的“身份证”吧！

【材料一】

世界闻名的马铃薯

马铃薯的人工栽培史最早可追溯到公元前8000年到公元前5000年的秘鲁南部地区。16世纪中期，马铃薯被一个西班牙殖民者从南美洲带到欧洲。那时人们总是欣赏它的美丽花朵，把它当作装饰品。

1586年，英国人在加勒比海击败西班牙人，从南美洲搜集烟草等植物种子，把马铃薯带到英国。后来，一位法国农学家——安·奥巴曼奇在长期观察和亲身实验中发现，马铃薯不仅能吃，还可以做面包等。从此，法国农民便开始大面积种植马铃薯。

17世纪时，马铃薯传播到了中国，因酷似马铃铛而得名，此称呼最早见于康熙年间的《松溪县志·食货》。“马铃薯”在中国还有“土豆”“洋芋”“薯仔”“番仔薯”的别称。

通过考古发掘和史料的考证可以发现，马铃薯传入中国的路径至少有四条：

其一，荷兰人盘踞在中国台湾期间推广马铃薯种植，后来经过台湾海峡传到广东、福建一带，并且经此向江浙一带传播，因此马铃薯的另外一个俗称便是“荷兰薯”。

其二，山西商人与俄国人或者是哈萨克人在贸易往来时，将马铃薯引入中国。由于山西的气候十分适宜马铃薯的生长，因此在山西广泛种植，马铃薯在当地被称为“山药蛋”。

其三，在南洋印尼经商的中国商人将马铃薯带回广东、广西等地，因此这些地方的马铃薯后来被称为“爪哇薯”。

其四，明朝时期海上贸易发达，通过海路将马铃薯带回的可能性也比较大。

目前，中国是世界上马铃薯总产量最多的国家。另外，俄罗斯、印度、乌克兰、美国也是马铃薯的主要生产国。

【材料二】

巧记身份证号

文 / 子衿

“天啊，这么长一串数字，我何时才能记住呀！”果果坐在座位上，双手抱头，郁闷地嘀咕着。

“果果，大家都在等你踢球呢，你咋还在这里？”贝贝从教室外跑了进来。

“唉，别提了，我总是记不住自己的身份证号，一会儿上课汇报，大家准笑我！”果果有点烦躁。

“哎呀，这真是身份证号难倒咱们的足球好汉呢！”贝贝笑着拉开一旁的椅子坐了下来，“兄弟，别丧气，速记绝招教给你，保你分分钟记住身份证号！”

“真的？”果果将信将疑。

“哪能有假？看好了！”贝贝迅速地在本子上写下了自己的身份证号，然后开始了实例讲解：“你瞧，我们每个人的身份证号码都由18位数字组成，我们可以分成三个板块来帮助记忆！前六位数字表示身份证持有人首次登记户籍时的地址，按省、市、区依次排列，比如我出生时在四川省成都市高新区登记上户，因此是‘510107’。第七位至第十四位表示出生的年、月、日，瞧，我的这组数字就是‘20100819’，只要知道生日，自己就能记住！最后四位数字分别代表了派出所、性别和校验码，解释起来有点麻烦。不过嘛，就四个数字，很简单！”

“哇，真有你的，贝贝！”果果开心地拍了一下贝贝的肩膀，“听君一席话，胜读十年书呀！等着，我马上搞定，来操场和你们一起踢球！”

分析与理解

1. 获取信息：

（1）阅读材料一，照样子填写马铃薯闻名世界的过程。

	时间	地点	作用
马铃薯的培植与传播	公元前8000年到公元前5000年		观赏花朵
		欧洲	
	1586年		战争胜利品
			食用
	17世纪		

（2）阅读材料二，我知道了中国公民的身份证由 ______ 位数字组成，前六位数字表示 ____________，是按 ____________ 的顺序

排列的。________________________________表示自己的出生日期。

2. 评价鉴赏：材料一中写到“通过考古发掘和史料的考证可以发现，马铃薯至少有四条路径传入中国”，请问，这句话中的“至少”一词能不能去掉？为什么？

3. 创意运用：看看咱们自己的身份证吧！除了身份证号码，正面还有姓名、性别、民族、出生年月日、住址和照片，背面还有“签发机关”“有效期限”等字样。现在，请你借助上面两篇材料提供的信息，为马铃薯设计“蔬菜身份证”。

（正面）

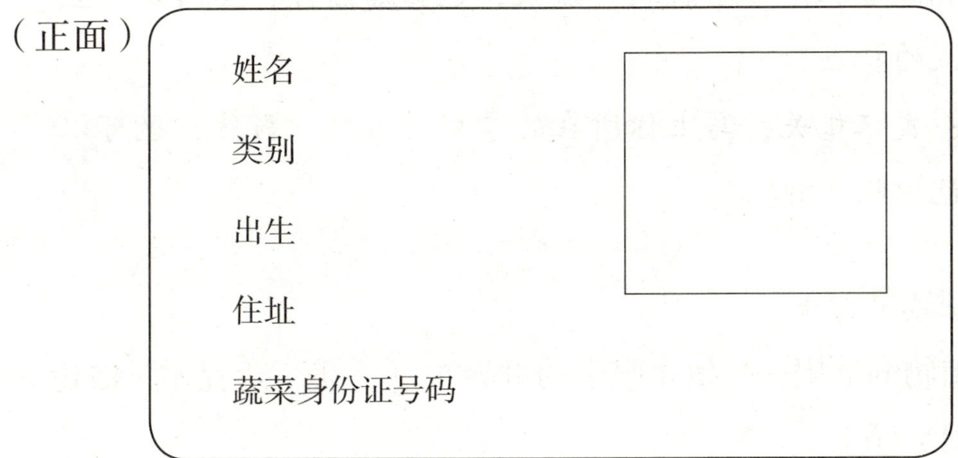

姓名

类别

出生

住址

蔬菜身份证号码

（背面）

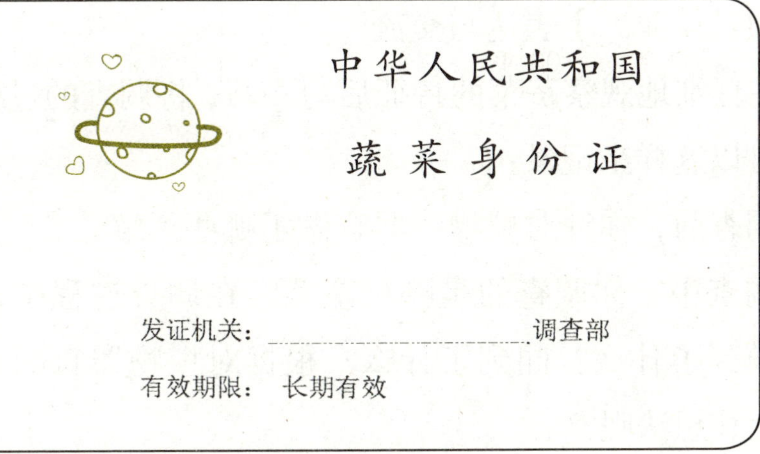

中华人民共和国

蔬 菜 身 份 证

发证机关：________________调查部

有效期限：　长期有效

制作说明：

①类别栏：注明这种蔬菜属于植物的哪种器官。

②出生栏：这种蔬菜最初食用（传入）的时间。

③住址栏：这种蔬菜现在在世界范围的种植情况。

④身份证号栏：参考人类身份证编制方法，自行创意设计，有理即可。

可在此备注设计理由：________________________________

____

⑤照片栏：可手绘这种蔬菜，也可贴图片，要清楚地呈现蔬菜的特点。

⑥发证机关：写上你所在的学校与班级，当然，也可以用特色中队名哟！

★阅读推荐★

《植物的欲望——植物眼中的世界》（［美］迈克尔·波伦/著　王毅/译）

【项目作业二】表达与交流

1. 在仔细地观察蔬菜的特征后写一写，将调查的过程写清楚。

你可以这样来记录：

◎调查前，你针对植物的器官做了哪些了解？

◎调查中，你调查的是哪种蔬菜？在调查过程中，你看到了什么？摸到了什么？闻到了什么？根据对植物器官的了解，你有什么结论和想法呢？

◎调查后，你有验证自己的猜测吗？是正确还是错误？此刻，你又有哪些感悟呢？

根据这些问题，把调查的过程写清楚，还可以写一写自己调查结束、验证猜测时的心情。写完之后，读给爸爸妈妈听一听，看看哪里不通顺还可以改一改。

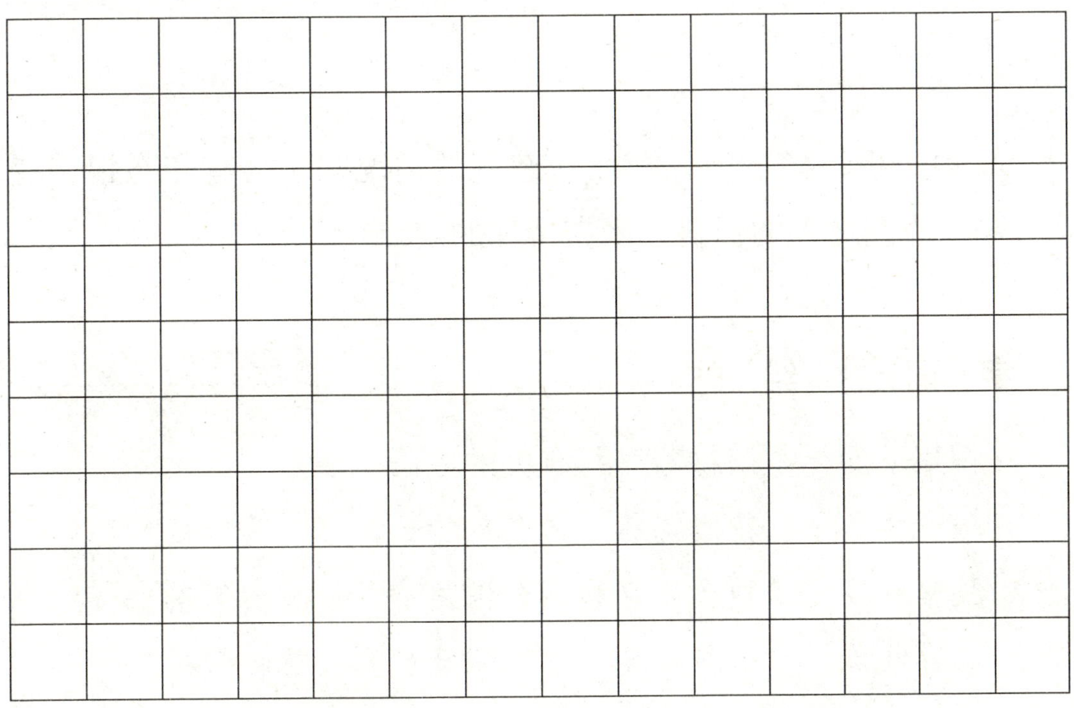

2. 说一说：将有趣的调查过程与结论介绍给别人，和朋友一起长知识吧！

【项目作业三】梳理与探究

1. 观察生活中常见的“出土”蔬菜，还有哪些属于变态茎呢？

____

2. 判断下面这些蔬菜水果，分别属于植物的哪种器官。

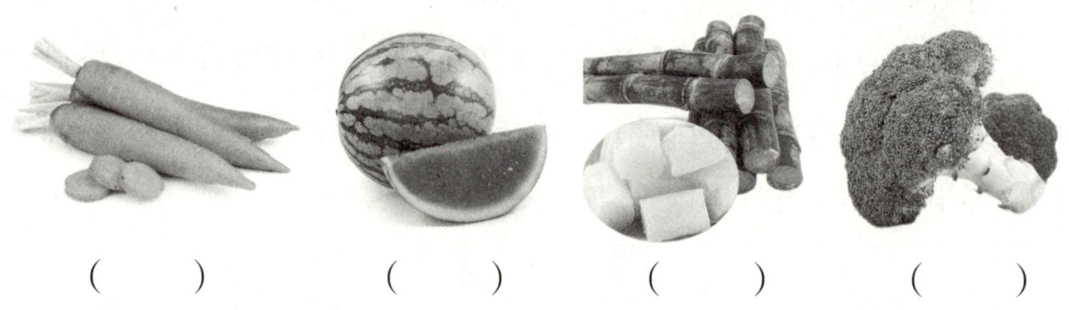

(　　)　　(　　)　　(　　)　　(　　)

3. 想一想，植物中只存在变态茎的情况吗？会有变态根、变态叶吗？查阅更多的资料，来支持你的观点。

字词补给站

积累下面与“植物器官”有关的成语。

移花接木　花团锦簇　含苞待放　不蔓不枝

枝繁叶茂　粗枝大叶　盘根错节　果实累累

瓜葛相连　藕断丝连　根深叶茂　落叶归根

★实验大揭秘★

马铃薯是植物的茎，你猜对了吗？茎是植物重要的营养器官，马铃薯具有这个标志性的特征。另外，马铃薯的表皮有一些小坑，是发芽的芽眼，这也是茎的重要特征。因此，马铃薯虽然长得很像根，但其实属于茎，是一种变态茎哟！

神奇的“鸡尾酒”

通过之前的学习，我们已经知道了彩虹是雨后的一种光学现象，根据光的折射与反射原理，我们在瀑布附近或是在晴朗的天气下背对阳光在空中洒水或喷洒水雾，也可以制造人工彩虹。不过，今天我们要见识的可是杯中彩虹哟！快来一探究竟吧！

活动过程

活动项目：制作“彩虹杯”

活动场所：室内

活动时长：15 分钟

实验准备：四个透明塑料杯、白色沐浴露、黄色食用油、红色葡萄酒（可用红色色素与酒精调配）、纯净水、一根筷子

实验过程：

第一步：在四个透明塑料杯里分别倒入等量的沐浴露、食用油、葡萄酒和纯净水。

第二步：将纯净水、食用油、葡萄酒依次沿筷子倒入装有沐浴露的杯中。

第三步：观察并记录杯中四种液体呈现出的分层情况。

活动流程：

在四个透明塑料杯中准备好等量的四种液体，留心观察四种液体倒入杯中时的形态与气味。

仔细观察父母怎样将纯净水沿筷子倒入装有沐浴露的杯中，总结操作技巧。

尝试自己完成实验后面的步骤，观察实验现象。

查一查资料，想想这个实验的原理是什么。

学习过程

学习目标：

1. 能尝试“制作‘彩虹杯’”并观察整个操作过程。

2. 能明白“制作‘彩虹杯’”这个实验中蕴含的科学原理。

3. 能使用书面语和口头语表达观察所得，写出自己的体验。

学习项目：

【项目作业一】阅读与鉴赏

我们学会了在实验中进行观察，体会了动手实践给我们带来的快乐，阅读下面的两篇材料，继续咱们的液体密度探究之旅吧！

【材料一】

鸡尾酒的自荐信

文 / 悠然

各位亲爱的小朋友：

大家好！

我的英语名字叫 cocktail，中文名叫鸡尾酒！你能看到我的自荐信，我感到无比激动！相逢即是有缘，期望它能与你手中若干份描述液体密度的文章不雷同，同时也期望它能够帮助你在探究液体密度的过程中收获更多的知识。

我是由两种或两种以上的酒或饮料、果汁、汽水混合而成的饮品。关于我的诞生，坊间有多种说法，我要讲的是被大家熟知的起源——

1776 年的一天，一些军官走进纽约州埃尔姆斯福一家用鸡尾羽毛作装饰的酒馆聚会。不巧的是，酒馆里的各种酒都卖得差不多了。怎么办呢？一位叫贝特西·弗拉纳根的女侍者灵机一动，把所有的剩酒统统倒在一个大容器里，并用一根鸡毛将酒搅匀端出来奉客。由于各种酒的密度不一样，颜色也不一样，因此，混合酒呈现出了别样的迷人姿态。面对军官们的询问，贝特西介绍说：“这是鸡尾酒！”一位军官高兴地举杯祝酒，还喊了一声：“鸡尾酒万岁！”从此，集色、香、味、形于一身的我便诞生了，并且迅速风靡全世界。

通常情况下，调酒师会以朗姆酒、威士忌、白兰地等烈酒或葡萄酒作为基酒，再加入果汁、牛奶、咖啡、糖等，加以搅拌或摇晃后倒入高脚玻璃酒杯中，制作出不同口味的我。为了增加观赏价值，调酒师们还会在酒杯上插上水果切片或薄荷叶为我锦上添花！

由于配方的差别、调酒手法的差异，我诞生后200多年里，被赋予过多种口味与颜值！我可以自豪地告诉大家，我就是人类用智慧和艺术调制的艺术品！

期待大家成年后来一品我的芬芳！

时刻准备变身的鸡尾酒

2022年5月18日

【材料二】

《科学直播间》之大自然中的“鸡尾酒”

文/予昊

主持人：大家好，欢迎收看《科学直播间》，我是主持人壮壮老师。

（画外音）说到湖泊，大家脑海中一定会浮现出清澈的湖水、自在的鱼群以及油绿的水下植物吧！常见的湖泊，要么是淡水湖，要么就是咸水湖。真是如此吗？非也，非也！神奇的大自然总会创造出无数惊喜！

主持人：今天做客我们《科学直播间》的，是热衷于科学实验的阿笠博士。掌声有请！

阿笠博士：小朋友们好，我就是名侦探柯南的得力助手，“天才发明家”阿笠博士。

主持人：阿笠博士，您好！今天邀请您来，是为咱们直播间的听众朋友们答疑解惑的！请先听这段语音！

（画外音）在美国阿拉斯加北部有这样一个神奇的湖泊，以湖面以下两米处为分界线，将湖水分为颜色不同的淡水层和咸水层：上层生活着淡水鱼类，下层的各种动植物则同北冰洋的生物相似。神奇的是，上下两层的生物互不往来，相安无事。

阿笠博士：啊，我知道了，这是位于北极圈内的努乌克湖，是一个由海湾上升形成的分层湖。大量融化的雪水与被海上风暴卷起的海水都汇入湖中，海水的密度比淡水大，所以就沉到湖的下层。上部两米多厚的淡水层经常冻结成冰，无法流动。这样，淡水和海水之间的界面便格外分明了。

主持人：听您这样一描述，我不由得想起同样层次分明的鸡尾酒呢！

阿笠博士：有道理！分层湖就是大自然勾兑出的“鸡尾酒”！无独有偶，除了努乌克湖，北冰洋巴伦支海的基里奇岛上的麦其里湖就更奇特了，湖水足足分了五层，每一层水质不同、密度不同、水色也不同！三层以上的水域生机盎然，下面两层却饱含有毒细菌与气体，可谓暗藏杀机啊！

主持人：我的天啊！看来大自然提供的“鸡尾酒”，咱们只能远观了！感谢知识渊博的阿笠博士的精彩分享。《科学直播间》，开心长知识，咱们下期见！

分析与理解

1. 获取信息：请阅读材料一中鸡尾酒的诞生过程，并用波浪线画出来。

2. 形成解释：你能用自己的话解释一下湖水分层和鸡尾酒的相似之处吗？

3. 创意运用：阿笠博士给小朋友们留下了这样一幅图：一个玻璃杯中盛了两种液体，还有一颗鸡蛋悬浮在两种液体分界处。你能结合材料二，猜猜下层与上层分别是什么液体吗？可以实际操作验证自己的猜测哟！

★阅读推荐★

《世界上最有趣的科学书》（［英］马修·摩根、萨曼莎·巴恩斯、盖伊·麦克唐纳等／文　尼基·卡特洛／图　张凤玥、薛莉、曾阳煊／译）

【项目作业二】表达与交流

1. 做实验，动手参与，仔细观察，将实验的过程写清楚。

你可以这样来记录：

◎实验前：今天你在哪里做了什么实验？为了做这个实验，

你做了哪些准备工作呢？用一两句话说清楚即可。

◎实验中：调动你的五个感官小助手帮你记录实验，用表示顺序的词语写清楚整个过程，同时重点描写你印象最深的那个步骤（你遇到困难了吗？当时有什么想法？怎么解决困难的？成功后的心情如何？）。

◎实验后：你的“彩虹杯”是什么样子的呢？这个实验的原理是什么？

根据这些问题，试着写一写实验的过程、自己当时的发现和感受。写完之后，读给爸爸妈妈听一听，看看哪里不通顺还可以改一改。

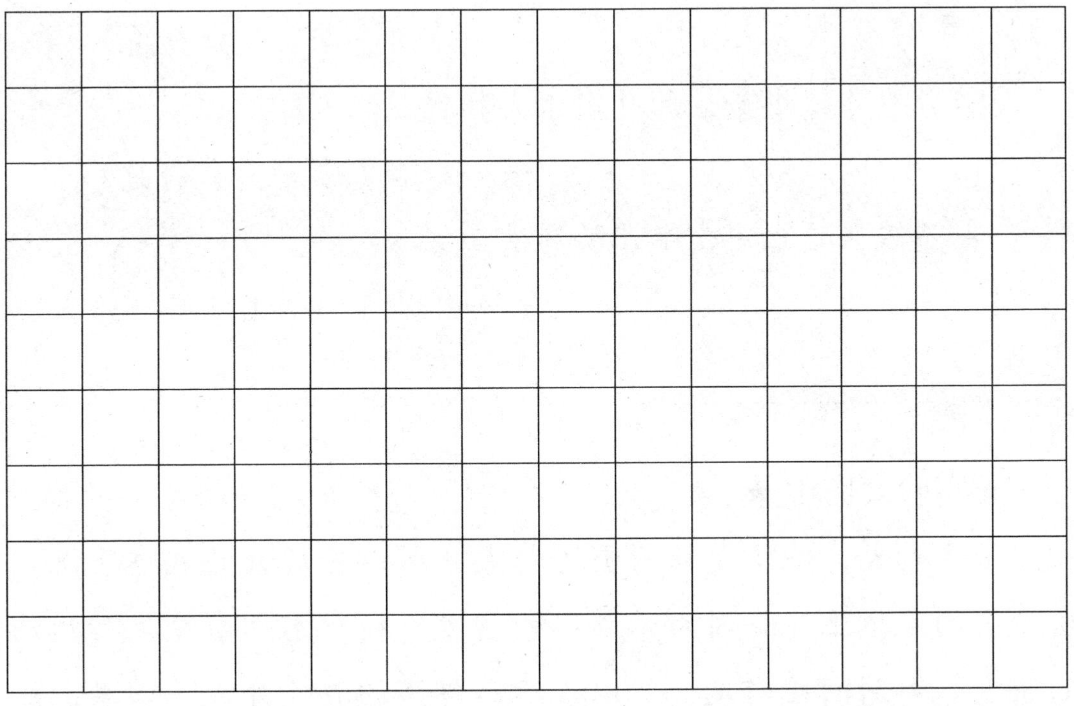

2. 说一说：将有趣的实验过程介绍给别人，和朋友一起试一试。

【项目作业三】梳理与探究

1. 调整“彩虹杯”实验中液体入杯的顺序，看看分层现象是否会发生变化。

2. 你能结合今天学到的知识，用纯净水、淡盐水、浓盐水与色素来制作“彩虹杯”吗？你能通过实验验证三种液体的密度大小吗？

字词补给站

积累下面与“流水颜色”有关的诗句。

垂杨拂绿水，摇艳东风年。

——［唐］李白《折杨柳》

长江春水绿堪染，莲叶出水大如钱。

——［唐］张籍《春别曲》

一道残阳铺水中，半江瑟瑟半江红。

——［唐］白居易《暮江吟》

★实验大揭秘★

密度越大，物体受到的重力越大，所以密度大的液体下沉，密度小的液体上浮。因为沐浴露的密度＞纯净水的密度＞食用油的密度＞葡萄酒的密度，所以最后水杯里的液体分成了四层，成了彩虹水杯。

肥皂的那些事儿

你们一定用过肥皂吧！肥皂沾水后抹在手上为什么滑滑的？肥皂为什么能去除污渍与污垢？古时候的人也用肥皂吗？今天，我们一起来聊聊肥皂的那些事儿，先从实验开始吧！

活动过程

活动项目：油“溶”于水啦！

活动场所：室内、户外均可

活动时长：20 分钟

实验准备：油、水、红色色素（也可换成你喜欢的颜色）、一碗肥皂粉、两只玻璃杯、一根筷子、一把小勺

实验过程：

第一步：向玻璃杯中倒入小半杯水，并加入红色色素，用筷子不断搅拌。

第二步：加入少量的油，可以看到黄色的油与红色的水分为上下两层。

第三步：用勺子向玻璃杯里加入肥皂粉并用筷子搅拌，很快，油和水便溶在一起，玻璃杯里是一整杯＿＿＿＿＿＿的液体。

活动流程：

动手做一做小实验，观察杯中溶液的变化。

想一想油与水界限分明的原因；猜一猜油水相溶的原因。

查阅资料，了解肥皂粉令油水相溶的化学原理。

学习过程

学习目标：

1. 能参与实验，观察油“溶”于水的过程。
2. 能知道肥皂促使油“溶”于水的科学道理。
3. 能使用书面语和口头语表达实验过程中的观察所得。

学习项目：

【项目作业一】阅读与鉴赏

你已经知道了吧，肥皂粉具有乳化作用，能将大的油滴分散成细小的油滴，与水相溶，从而帮助我们去除衣物上的油渍与污垢。那么古人又是怎样清洗衣物或是身体的呢？阅读下面三篇小材料，了解古人的“肥皂”情结吧！

【材料一】

澡豆

旧丝帛若以灰汁洗，色黄而质脆。若捣豆为汁，可洁白柔韧，胜皂荚远矣。

——［北魏］贾思勰《齐民要术·杂说》

【译文】

旧时，人们用草木灰来清洗丝帛这类衣物，洗后的衣物颜色发黄而且容易破损。如果用豌豆等豆类捣出的汁液清洗，可让衣物洁白柔韧，效果比皂荚要好得多。

【材料二】

澡豆为饭

王敦[①]初尚主[②]，如厕，见漆箱盛干枣，本以[③]塞鼻，王谓厕上亦下[④]果，食遂至尽。既还，婢擎金澡盘盛水，琉璃碗盛澡豆[⑤]，因倒著水中而饮之，谓是干饭。群婢莫不掩口而笑之。

——［南北朝］刘义庆《世说新语·纰漏》

【注释】

①王敦：出身于琅琊王氏，晋武帝司马炎的女婿，东晋时期的大臣。

②尚主：娶公主为妻。因为公主身份尊贵，不能说娶，所以用“尚”。

③以：用来。

④下：放置。

⑤澡豆：洗手、洗面的用品。

【译文】

王敦刚娶晋武帝之女襄城公主为妻时，去上厕所，看到漆箱中装着干枣。这本来是用于塞鼻孔防臭的，可王敦却说厕所内也放置果品，就把干枣吃光了。从厕所出来后，他看到婢女用金澡盘盛了水，用琉璃碗盛来澡豆，于是他就把澡豆倒进水中，一起吃了下去，还认为是干饭。婢女们都掩着嘴笑话他。

【材料三】

肥皂荚

肥皂荚生高山中，其树高大，叶如檀及皂荚叶，五六月开白花，结荚长三四寸，状如云实之荚，而肥厚多肉。内有黑子数颗，大如指头，不正圆，其色如漆而甚坚。……十月采荚，煮熟捣烂，和白面及诸香作丸，澡身面，去垢而腻润，胜于皂荚也。

——［明］李时珍《本草纲目·木二·肥皂荚》

【译文】

肥皂荚这种植物生于高山中，树干高大挺拔，树叶的形状和檀叶、皂荚叶相似。五六月间，肥皂荚就会绽放白色的花儿。花谢后，结出的荚果肥厚多肉，和云实的荚果相似，长圆形的，7–10厘米长。荚果内有数颗黑色的种子，这些种子有拇指般大小，似球形而稍扁，色泽光亮如漆，质地也非常坚硬。十月间便可以采摘成熟的荚果了，将种子煮熟捣烂后与白面和各种香料调和，制成丸子大小的“肥皂团”，用来洗脸洗澡，不仅能去除污垢，而且令皮肤细腻润泽，效果远胜于皂荚（又称皂角）。

分析与理解

1. 获取信息：阅读了上面三则材料，你发现，中国古代的人们虽然没有肥皂，但他们找到了天然的去污产品：__________、__________、__________、__________。

2. 形成解释：阅读了材料二，你认为“澡豆为饭”这个典故代指哪一类人呢？（　　）

A. 好吃贪嘴的人　B. 没见过世面的人　C. 很有创意的人

3. 创意运用：你能整合三则材料介绍的内容，给家人或朋友介绍古代中国人的去污进化史吗？

★阅读推荐★

《身边有科学：千变万化的化学》（刘行光 / 编著　杨仕强、杨金芳 / 绘）

【项目作业二】表达与交流

1. 在仔细地观察，动手做了油水相“溶”的实验后写一写，将实验的过程写清楚。

你可以这样来记录：

◎实验前，你准备了哪些材料呢？

◎实验中，你是怎么做的呢？当油水分离时，你想到了曾经学过的什么科学知识？当你往杯中撒入肥皂粉时，你闻到了什么？当搅拌液体的时候，你看到了什么变化呢？实验过程中，你遇到困难了吗？你是如何解决的？

◎实验后，你明白肥皂去污的原理了吗？你有什么想法和感受呢？

根据这些问题，把实验写清楚，还可以写一写自己当时的心情。写完之后，读给爸爸妈妈听一听，看看哪里不通顺还可以改一改。

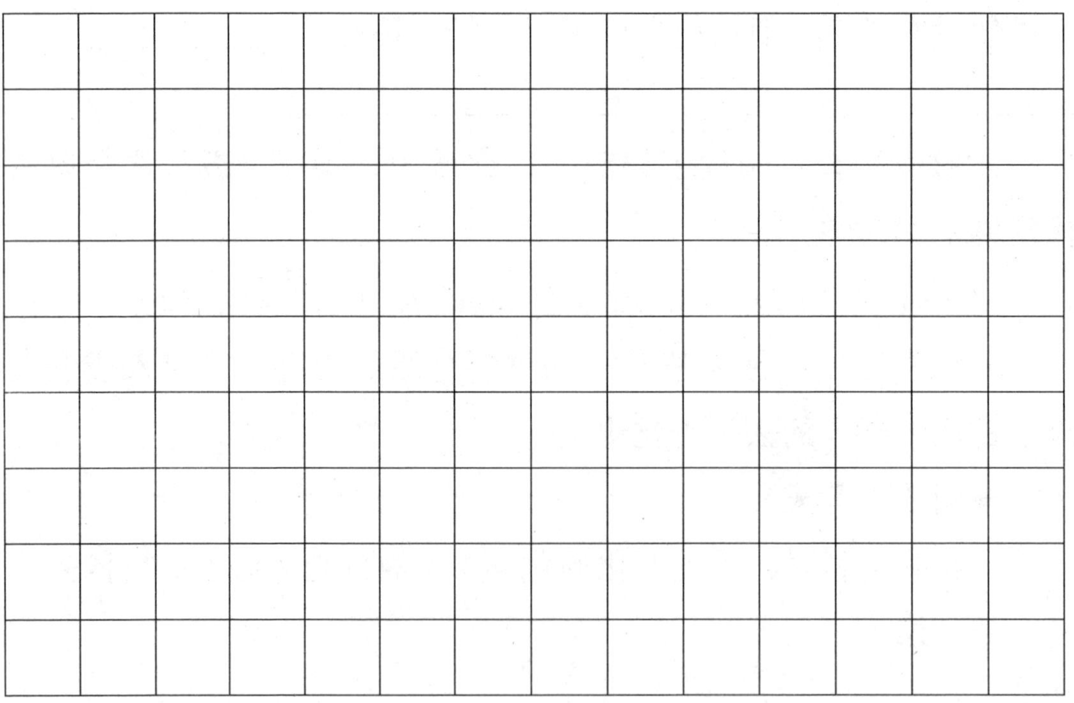

2. 说一说：将“油水相‘溶’”的实验展示给同学，分享你学到的科学知识。

【项目作业三】梳理与探究

1. 你家的日常清洁用品一定不只肥皂，还有洗洁剂、洗衣粉、沐浴露、洗发水、洗面奶……若是你仔细阅读每种清洁用品外包装上的成分说明，你一定会有新的发现！

2. 在爸爸妈妈的帮助下，利用家里用剩的零散小肥皂，加入自己喜欢的精油或是干花，自己动手制作一块手工皂吧！（操作步骤很简单，可以上网了解一下哟！）

字词补给站

积累下面描写“古人沐浴净身”的词语与诗词吧！

三沐三熏

浴兰汤兮沐芳，华采衣兮若英。

——［战国］屈原《九歌》

春寒赐浴华清池，温泉水滑洗凝脂。

——［唐］白居易《长恨歌》

香脸半开娇旖旎，当庭际，玉人浴出新妆洗。

——［宋］李清照《渔家傲》

★实验大揭秘★

这个实验中的肥皂粉是个很神奇的物质，来看看肥皂的分子结构吧！分子的一端为“亲水”性结构，另一端为“亲油”性结构。当肥皂分子遇到油污时，“亲油”那一端就和油污微粒融合在一起，而“亲水”那一端朝外，形成无数个小“胶团”，把油污从衣服上“拉到”水中，这样，水和油就融为一体了！将一种液体分散到第二种不相溶的液体中去的过程叫作乳化作用，而肥皂粉就是一种典型的乳化剂哟！

厉害的水面张力

清晨或是雨后，我们常常能在花朵上、草叶间看到大小不一的圆形的小水滴，随着风微微摇曳；夏天，我们常常能看到一些长脚的小昆虫在水面上自由行走……为何这些可爱的小水珠能聚而不散？为何小昆虫能拥有“水上漂”的轻功？让我们走进奇妙的科学世界，探寻这种神奇的力量吧！

活动过程

活动项目：牙签·水滴·五角星

活动场所：室内

活动时长：15分钟

实验准备：五根牙签、一个滴管、一杯清水

实验过程：

第一步：找5根牙签，从中间掰折，但牙签不能断裂；以掰折处为顶点，将掰折后的牙签呈放射状围成一圈。

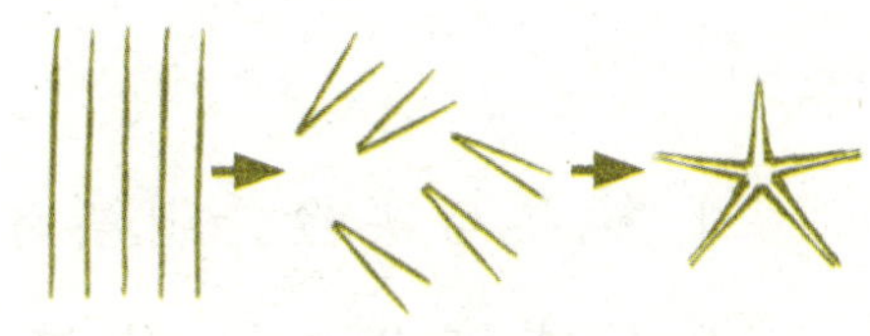

第二步：用滴管往放射形图案的中心位置滴水。

第三步：仔细观察牙签的变化，看看多少滴水能“变”出漂亮的五角星。

活动流程：

仔细观察家长做实验，看一看牙签是怎样“变”出五角星图案的。

自己做一做，想一想：是什么力量将聚在一起的牙签推开的呢？

查一查资料，了解这种神奇现象产生的原因。

学习过程

学习目标：

1. 能参与实验并观察牙签“变”出五角星图案的过程。
2. 能查证“牙签·水滴·五角星”这个实验中包含的科学道理。
3. 能使用书面语和口头语表达实验过程中的观察所得。

学习项目：

【项目作业一】阅读与鉴赏

你已经知道了吧，这种神秘的力量就是液体的表面张力。接下来，阅读下面两篇关于液体的表面张力的小材料吧。

【材料一】

《科学直播间》之轻功“水上漂”

文 / 予昊

主持人：大家好，欢迎收看《科学直播间》，我是主持人壮壮老师。

（画外音）提起轻功“水上漂”，我们首先想到的肯定是武侠电视剧或电影中那些飞檐走壁的大侠！可是，大侠只能剧中有，世间能得几回见？NO！NO！NO！此话一出，动物们不乐意了。在动物界，这种绝世武功不仅存在，而且还是与生俱来的呢！

主持人：今天做客我们《科学直播间》的，是咱们最熟悉的陌生“虫”——水黾（mǐn）。掌声有请！

水黾：天生大长腿，自带防水衣，大家好，我就是水生水长的小可爱——水黾！（一个小巧的身影从水面上优雅地走过来。）

（画外音）不看不知道，一看哇哇叫。这个轻功高手可是在水边天天见呢！它时刻都在为我们展示“水上漂”的绝技，仔细看！它的六只大长腿，没有一只插进水中，仅仅在水面上压出一个个小水坑而已，感觉水面有一层薄膜将它稳稳地托了起来。

水黾：感谢 CCTV，感谢《科学直播间》，很开心为大家讲解我能“水上漂”的秘密！首先，水的表面分子手拉手，形成了一层看不见的膜，人类科学家将这层膜称作“液体表面张力”。其次，我的长腿上有很多纤毛，上面附有油脂，这些油脂可以增大水的表面张力。这样，我就能在水面上健步如飞啦！其实，荷叶上滚动的露珠、人类过七夕时的“投针乞巧”活动，都是液体表面张力的作用！

主持人：感谢轻功高手水黾的精彩分享。《科学直播间》，开心长知识，咱们下期见！

【材料二】

吹肥皂泡比赛

文 / 子衿

“好消息，好消息，动物幼儿园正在举行吹肥皂泡比赛！速来围观！速来围观！”百灵鸟广播员的声音在森林上空响起。

让我们把镜头对准今天参赛的动物宝宝们吧，他们是小白兔、金丝猴、波斯猫和小熊猫。

首先上场的是波斯猫。他拿出一瓶自制的肥皂液，用一支小竹管蘸了一些肥皂水，慢慢地吹出了一个乒乓球大小的泡泡，再晃了晃小竹管，那个小泡泡就飘在了空中。波斯猫开心地挥动小竹管，却不小心把小泡泡给碰破了！

波斯猫还没离场呢，一旁的大树上，机灵的金丝猴一个倒挂金钩出现在众人面前。嘿，他怎么两手空空，说好的吹肥皂泡呢？就在大家满腹狐疑的时候，就瞧见金丝猴嘴里嚼了两下子，两腮一鼓，嘴里冒出了一个白色的大泡泡！“不对，不对，我们要比赛吹肥皂泡，可不是吹泡泡糖，比赛无效！”刚刚离场的波斯猫气呼呼地在一旁抗议。金丝猴呢？他扮了个鬼脸，“嗖”地蹿上一旁的大树，消失了。

接下来，轮到小白兔上场了。她用的也是自制肥皂液，不过吹泡泡的工具有点不一样，就像一个空心的大棒棒糖。只见小白兔把“棒棒糖”放进肥皂液中泡了一两秒，然后拿起来，再鼓起腮帮子，对着空心处吹去。哇，一串美丽的小泡泡飞向了天空。四周响起了热烈的掌声。

对手如此厉害，可我们的小熊猫却毫不胆怯。哈哈，只见他几个前滚翻，滚到了场地正中央。后援团紧随其后，推上来一盆肥皂液，还有一个晾衣架。“小熊猫，你是来洗衣服的吧！”大家开始起哄了！小熊猫呢？他将晾衣架浸到那盆肥皂液中，再拎起来，在空中一挥。天啊，一个超级大泡泡出现在众人面前，大家的欢呼声震耳欲聋！

在随后的颁奖仪式上，冠军小熊猫分享了自己制作肥皂泡的诀窍。原来呀，他的肥皂水里加入了糖水和茶水，增强了水的表面张力，泡泡就拥有了超能力！

“最新消息，最新消息，据吹泡泡高手小熊猫介绍，2017 年 1 月 18 日，人类的泡泡大师将 275 名民众与一辆车同时容纳于一个巨型的肥皂泡中，这都是液体的表面张力制造的奇迹！”百灵鸟好听的声音再次在森林上空响起。

分析与理解

1. 获取信息：材料一通过水黾的介绍，你知道液体的表面张力是指 ________________________________，水黾腿上

的纤毛上附有 ____________，可以增大水的表面张力。材料二告诉我们，____________ 和 ____________ 能增加肥皂水的表面张力，人类在2017年吹出的巨型肥皂泡同时容纳了 ____________ 和 ____________。

2. 评价鉴赏：两篇材料，你更喜欢哪一篇？能勾画一两句让你觉得很有意思的句子，并在一旁批注自己的感受吗？

3. 创意运用：材料一告诉我们，油脂可以增加水的表面张力，用上这个小诀窍，将甘油加入自制的肥皂水中，试着吹一吹，看看这样的肥皂水吹出的泡泡会不会在空气中存在得更久一些呢。

★阅读推荐★

《世纪经典科普名著系列：趣味力学》（［苏联］雅科夫·伊西达洛维奇·别莱利曼 / 著　周英芳 / 译）

【项目作业二】表达与交流

1. 在完成实验后写一写，将实验的过程写清楚。

你可以这样来记录：

◎实验前，你准备了哪些实验材料呢？你对实验结果有哪些预想？

◎实验中，你和父母是怎样分工的？你印象最深的是哪一步？你做了什么？看到了什么？听到了什么？想到了什么？

◎实验后，你知道科学原理了吗？怎么知道的？有什么想法或感受？

根据这些问题，把做实验这件事写清楚。写完之后，读给爸爸妈妈听一听，看看哪里不通顺还可以改一改。

2. 说一说：将有趣的实验过程介绍给别人，和朋友一起试一试。

【项目作业三】梳理与探究

1. 尝试还原以下图片呈现出的生活现象，选出与众不同的那幅图，并说明你的理由。

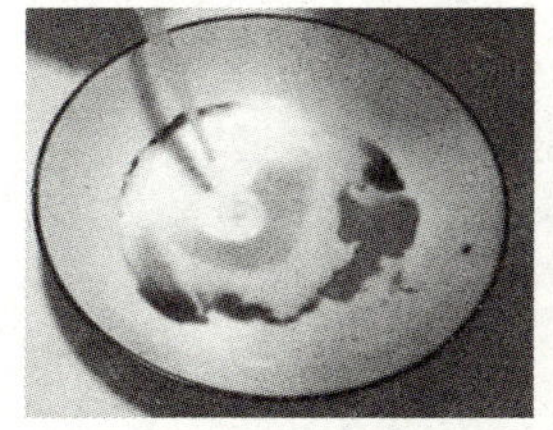

（1）牛奶色素大碰撞

（2）回形针水上漂

（3）水面裂开了

（4）硬币凸透镜

2. 留心生活，想一想：人类的哪些发明或是生活小妙招利用了液体表面张力的原理呢？

____

字词补给站

积累下面描写“水的力量”的成语和诗句吧！

飞珠溅玉　　翻江倒海　　云蒸泉涌　　浊浪排空

天门中断楚江开，碧水东流至此回。

——［唐］李白《望天门山》

巨灵咆哮擘两山，洪波喷箭射东海。

——［唐］李白《西岳云台歌送丹丘子》

★实验大揭秘★

实验中使用的牙签是用竹子制成的，它们的体内含有大量的纤维，这些纤维就像一个个吸水管。滴入水滴后，这些牙签断裂处的“吸水管”便开始吸水、膨胀，开始往断裂处伸展。另外，水的表面张力也会推动牙签们相互远离。最后，牙签就慢慢“变”成五角星啦！

膨胀的面包

同学们，你们知道面包里为什么有许多小洞洞吗？对，因为面团加入了酵母。那么，酵母是如何让面包变松软，使面包膨胀的呢？让我们一起来做个实验吧！

活动过程

活动项目：发酵面团

活动场所：厨房

活动时长：10 分钟，3 小时后再观察

实验准备：活性酵母粉、温水、蜂蜜（或糖）、面粉

实验过程：

第一步：将一包酵母粉与温水混合，加入少量的蜂蜜或糖，置于厨房内温暖的地方。

第二步：仔细观察混合的溶液的表面，你发现__________。

第三步：将此混合溶液与面粉、水混合，揉成面团。

3 个小时以后，再观察面团，你发现__________________。

活动流程：

动手做一做小实验，让面团膨胀起来。

观察酵母溶液的变化并对比膨胀前后的面团。

查一查资料，思考：面团为什么会膨胀起来？

学习目标：

1. 能动手参与面团发酵的实验过程。
2. 能认识酵母发酵使面团膨胀的原理。
3. 能使用书面语和口头语表达面团发酵实验观察所得。

学习项目：

【项目作业一】阅读与鉴赏

你已经知道了吧，原来是酵母形成的小气泡使面团膨胀。接下来，阅读下面两篇关于“使食物膨胀”的小材料！

【材料一】

酵母粉与发酵粉

文 / 兰韵

小朋友们，相信你们已经亲眼见证了酵母粉的神奇力量！那什么是酵母粉呢？

酵母是一种活性微生物，是由蛋白质和碳水化合物构成的，并且含有丰富的B族维生素和钙、铁等其他微量元素，具有很高的营养价值。当酵母粉作为面食膨松剂被加入面团后，为了存活，它们会消耗面团中的葡萄糖并产生热量，同时还会生成酒精和二氧化碳，不过这两种物质会在烘焙过程中慢慢挥发，并不会影响面包的口感。酵母粉不仅使用方便，还可以提供人类所必需的营养物质，是居家亲手制作糕点的必需品。

除了酵母粉，发酵粉也具有发酵功能呢！你们知道吗？一小袋发酵粉加水发生化学反应，可以产生约2升的二氧化碳气体，膨胀起来的面团足以填满直径20厘米的大脸盆呢！

和酵母粉不同的是，发酵粉是一种化学膨松剂，一般是指小苏打、明矾、泡打粉等。它们的主要作用是中和面团中的酸味，但是它们的加入会破坏食物本身的营养物质。所以，从健康角度来讲，发酵粉并不是做绿色糕点的首选。

不论是化学发酵还是生物发酵，都会产生二氧化碳，形成小气泡，在面团中形成大量的小气孔，面团自然就松软膨胀了。

【材料二】

膨胀的蛋奶酥

文 / 颜琳

你知道怎么制作蛋奶酥吗?

首先要用黄油、面粉、牛奶制成调味汁，并在调味汁中加入蛋黄和干酪末后加热待用。

接下来这个步骤很重要，将三个鸡蛋的蛋清滤到碗中，接着用力搅拌蛋清，让液体最终变成厚而稳固的泡沫。

黏稠的蛋清液居然能变成泡沫，这还得从蛋清的成分说起。蛋清由水和蛋白质构成。构成蛋白质的众多小分子分为亲水基和疏水基两类。亲水基是易溶于水的物质，而疏水基则是极难溶于水的物质。

在用力搅拌蛋清的过程中，空气进入了蛋清液体，形成气泡；蛋白质分子也被迫分散开来，疏水基进入气泡内，亲水基留在蛋清液体里，围绕在气泡周围。这些气泡会形成一种网状结构，气泡越小越多，网状结构就越坚实。一个鸡蛋的蛋清可以产生一立方米的泡沫蛋白呢!

随后，将这些泡沫拌入已经冷却的调味汁，再分装到模具中，放入烤箱中烤制。

由于泡沫蛋白中含有空气，在蛋奶酥出炉前，水蒸气同泡沫蛋白中所含的空气促使面团膨胀。同时，烤箱中高达 180 摄氏度的高温足以让蛋奶酥中的水分变为气体，全部蒸发掉。

这样，蛋奶酥就制作成功了!

分析与理解

1. 获取信息：阅读材料一，思考使食物膨胀的两种不同的发酵方式是什么。请填写下面图表。

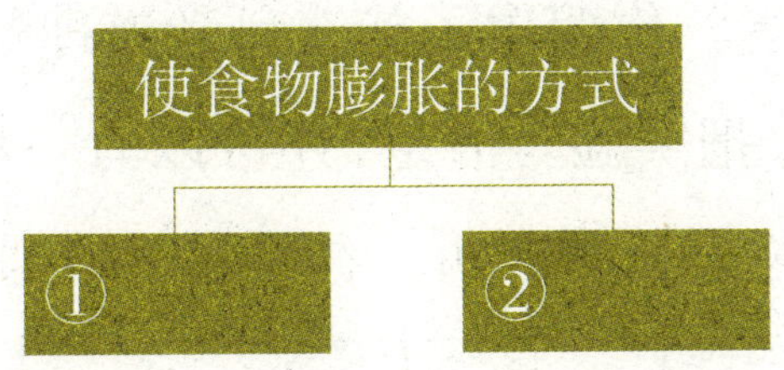

2. 形成解释：蛋奶酥是怎么做成的？请认真阅读材料二，用波浪线在文中画出来。

3. 创意运用：请你按照文中的操作方法，和父母一起尝试制作蛋奶酥吧！（烤箱可用微波炉代替）

★阅读推荐★

《神奇的化学之旅》(双色插图版)([法]雅安·韦斯耶·尼古拉·热尔贝/著)

【项目作业二】表达与交流

1. 在仔细地观察并动手做一做面团发酵的实验后写一写，将实验的过程写清楚。

你可以这样来记录：

◎当你将一包酵母粉与温水混合时，你是怎样操作的？加入少量的蜂蜜或糖后，你看到了什么？闻到了什么？想到了什么？

◎大约过了多久，混合的溶液表面会冒泡？泡泡怎样冒出来的？数量多还是少？写一写泡泡的形状、颜色和大小吧！

◎家长是怎样将混合溶液、面粉和水混合的？你注意这些食材的比例了吗？等待发酵的过程中，你有什么样的心情呢？你有偷看的想法或行为吗？

◎大概过了多久，你的面团发酵成功？此时的面团什么样？你有什么想法和感受？你明白了什么科学道理？

根据这些问题，把实验写清楚，还可以写一写自己当时的心情。写完之后，读给爸爸妈妈听一听，看看哪里不通顺还可以改一改。

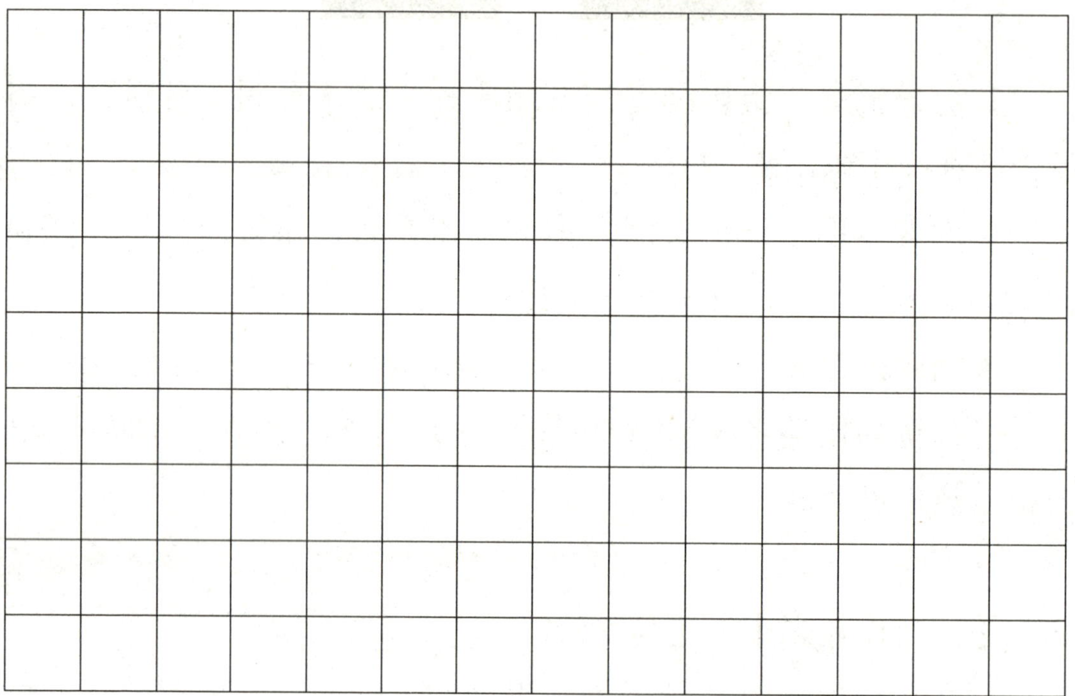

2. 说一说：将有趣的实验过程介绍给别人，和同学一起试一试。

【项目作业三】梳理与探究

请你查找资料，生活中有哪些运用酵母进行发酵的食物，请你举例说一说。

字词补给站

你可以积累下列描写“美味食物”的四字词语哟！

香甜软糯　　味浓香醇　　咸甜适中　　酸甜可口

麻辣鲜香　　鲜美多汁　　油而不腻　　口齿留香

珍馐美味　　饕餮大餐　　芳香四溢　　香飘十里

★实验大揭秘★

面团变松软膨胀的原因是酵母菌体均匀地分布于面团中，通过发酵而形成的小气泡可以使面团膨胀，并在面团中形成了大量的小气孔，这样面团就变得松软了。

东南西北中

“××地图为您导航！”你一定很熟悉这句话吧？现代交通出行，天上的卫星导航系统能为我们指明方向。那古时候的人们出行时，有导航工具吗？信鸽为何能准确无误地找到回家的路？小狗在离开主人几万米后为何能顺利找到主人？让我们一起去探索古人与动物们的导航系统吧！

活动过程

活动项目：铁针变磁针

活动场所：室内

活动时长：15 分钟

实验准备：曲别针、钳子、强力磁铁、记号笔、泡沫、小盆（盛有半盆水）、指南针（用来与自制指南针对比）

实验过程：

第一步：将曲别针拉直，然后用钳子截取一段。

第二步：将截取的铁丝在磁铁上摩擦（要朝一个方向摩擦），直到产生磁性。

第三步：将具有磁性的铁丝穿进泡沫，放在装有水的盆里，观察铁丝转动的方向。根据指南针指的方向，在泡沫上标识出“N”和“S”，完成自制指南针。

活动流程：

了解实验步骤，准备实验器材，和父母商量实验分工。

在父母的协作下完成实验，并总结成功的经验。

查阅资料，了解铁针变磁针的原理。

学习过程

学习目标：

1. 能参与“铁针变磁针”的实验并观察整个过程。
2. 能总结并验证“铁针变磁针”的科学原理。
3. 能使用书面语和口头语表达观察所得，写出自己的体验。

学习项目：

【项目作业一】阅读与鉴赏

我们学会了在实验中进行观察，体会了动手实践给我们带来的快乐，阅读下面的两篇材料，继续咱们的导航探究之旅吧！

【材料一】

指南针的前世今生

文 / 悠然

指南针、火药、造纸术、活字印刷术是中国古代的四大发明，享誉世界，为人类文明的进步做出了巨大的贡献。今天，我们单讲“指南针”，说说它的前世与今生。

早在两千四百多年前的战国时期，我们的祖先就已经发现了能吸铁和指示南北的石头，他们将这种石头叫作“磁石”。现代地质学家张鸿钊在《古矿录》一书中介绍说，当时的能工巧匠把磁石琢成一个勺形的东西，放在青铜制成的光滑如镜的底盘上。盘上铸有代表方向的刻纹。这个磁勺在底盘上停止转动时，勺柄指向正南，勺口指向正北。这套仪器叫司南，“司”是“指”的意思。

除了《古矿录》，《山海经》《鬼谷子》《韩非子》等古代名著中都有司南的身影，可以说司南是现在所用指南针的始祖。

“指南针”这个名字又是何时问世的呢？我们或许可以从北宋地理学家朱彧的《萍洲可谈》一书中探知一二。这本书中说道：“舟师识地理，夜则观星，昼则观日，阴晦观指南针。”其后，南宋文人吴自牧在《梦粱录》中写道：“风雨冥晦时，惟凭针盘而行，乃火长掌之，毫厘不敢差误，盖一舟之人命所系也。”可见，“指南针”之名至少在北宋时就已经诞生，并服务于航海事业，成为在日月星辰皆晦暗难辨之时，海上导航的重要倚仗。

指南针为何能指示南北呢？这是因为地球相当于一个大磁铁，磁铁的北极位于地理南极附近，磁铁的南极则位于地理北极附近。根据同极相斥、异极相吸的原理，指南针能指示南北方向就不足为奇啦！

指南针令人类认识到地球存在磁场，提高了航海的准确性与安全性，促进了新航路的开辟，迎来了地理大发现的时代。指南针是古老的中国献给世界文明的一份厚礼。

【材料二】

《科学直播间》之与生俱来的“生物罗盘”

文 / 予昊

主持人：大家好，欢迎收看《科学直播间》，我是主持人壮壮老师。

（画外音）我们常常遇到狗狗与主人相距万里还能顺利找到主人的事情；我们也清楚候鸟迁徙，飞行路线经年不变，总能一次又一次地顺利返回祖先栖息地。这些动物怎会拥有方位辨别能力？难道是造物主的偏爱吗？

主持人：今天做客我们《科学直播间》的，是来自森林派出所的白鸽警员。掌声有请！

白鸽：大家好，我就是黑猫警长的得力助手小白鸽！很开心能做客《科学直播间》，和大家共话方位辨别能力！

主持人：说到方位辨别能力，以白鸽警员为代表的鸟类家族是当之无愧的实力派啊！

白鸽：您说得没错，我们鸟类的体内有某种类似指南针或导航仪的“仪器”，能够帮助我们准确地定位。人类科学家将这种“仪器”称作“生物罗盘”。

主持人：据说，1975 年曾有科学家发现了一组能够准确地朝北极方向移动的微生物。这些微生物含有微量的磁铁成分，并寄居在动物体内。科学家在许多动物体内都找到了这种成分，甚至在人脑的灰色物质中也找到了。科学家认定，这种微生物就是“生物罗盘”的奥妙所在。

白鸽：但这一说法未能得到证实。很多反对这一说法的研究者展开了后续研究。研究表明，动物的前庭器官才是那个所谓的“生物罗盘”。外界信息从前庭器官通过神经进入动物大脑。动物大脑的“灰色物质”里储存着一张“地图”，类似全球定位仪所使用的定位图。无论暴风雨，还是高压电线，抑或磁场异常，经由前庭器官识别的信息都能在“地图”上准确定位。并且，这些“生物罗盘”会一代代遗传下去，真的是与生俱来。

主持人：感谢白鸽探员的精彩分享。尽管人类没有“生物罗盘”，但却发明了各种导航仪，保障出行畅通无阻。这就是科技的魔力！《科学直播间》，开心长知识，咱们下期见！

分析与理解

1. 获取信息：根据材料内容，判断下列说法的正误。

（1）指南针是我国古代四大发明之一，最早叫作“司南”。

（　）

（2）鸟类体内含有微量的磁铁成分，如果鸟类飞到了磁场异常区，绝对会晕头转向。（ ）

（3）“生物罗盘”的各个部件人体内都有，但这套系统对人不起作用，所以人不能辨别方向。（ ）

2. 形成解释：材料一中有这样一段文字，“舟师识地理，夜则观星，昼则观日，阴晦观指南针”。你能联系上下文，用通俗易懂的话解释一下吗？

---

3. 创意运用：根据材料一对司南的描述，你能用美术工具（绘）制一个司南模型吗？

★阅读推荐★

《奇异功能夏令营》（叶永烈 / 著）

【项目作业二】表达与交流

1. 做实验，动手参与，仔细观察，将实验的过程写清楚。

你可以这样来记录：

◎实验前：今天你在哪里做了什么实验？为了做这个实验，

你做了哪些准备工作呢？用一两句话说清楚即可。

◎实验中：先认真完成实验的每一个步骤，充分调动你的“手”和“眼”这两员观察大将吧，及时记录下你的感受。再用表示顺序的词语写清楚整个过程。你可以重点描写印象最深的那个步骤（你遇到困难了吗？当时有什么想法？怎么解决困难的？成功后的心情如何？）。

◎实验后：回顾整个实验过程，你觉得实验能做成功，最重要的因素是什么？除了明白实验本身的科学道理，你还明白了什么呢？

根据这些问题，试着写一写实验的过程、自己当时的发现和感受。写完之后，读给爸爸妈妈听一听，看看哪里不通顺还可以改一改。

2. 说一说：将有趣的实验过程介绍给别人，和朋友一起试一试。

【项目作业三】梳理与探究

1. 你知道吗？当今科技界有个顶级俱乐部，只有四名会员，却吸引了全世界的目光，这个俱乐部叫“全球卫星导航系统”。你能在家长的帮助下，从网上找到这四名会员的大名吗？

__________ __________ __________ __________

2. 你家所在的小区大门朝向哪里？站在小区大门口，你的学校在哪个方向？从你家去学校会经过几条街？遇到路口时，应该往哪个方向拐弯呢？拿上指南针，从家到学校，让它为你导航吧！把数据记录下来，就可以亲自制作一份独家导航解说了。

字词补给站

积累下面与“方向”有关的词语和诗句。

东奔西走　走南闯北　南辕北辙　前仆后继　旭日东升

月明星稀，乌鹊南飞。

——［东汉］曹操《短歌行》

百川东到海，何时复西归！

——汉乐府《长歌行》

臣心一片磁针石，不指南方不肯休。

——［宋］文天祥《扬子江》

★实验大揭秘★

曲别针的材质是铁，一种常见的铁磁性物质。铁磁性物质的身体里有很多微小的区域，每一个微小区域都有自己的磁场。一般情况下，每个区域的磁场方向不同，互相抵消后就不会显露磁性。但是，我们用磁铁往一个方向摩擦曲别针，就会使曲别针内部的那些小磁场的方向趋于一致，这时，整个曲别针对外就显示出磁性了。

贴地“飞行器”

2019 年，地面上运行速度最快的高速磁浮列车在中国青岛制造成功。它的速度是目前高铁速度的近 2 倍，快达到遨游天空的飞机的时速，按照这个速度，上海到北京的行程只需要 3.5 小时。真可谓地表最快的“飞行器”。是什么让磁悬浮列车飞速运行呢？让我们通过一个小实验一探究竟！

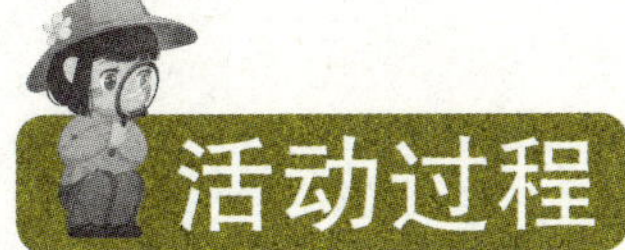

活动过程

活动项目：磁悬浮笔

活动场所：实验室

活动时长：20 分钟

实验准备：一块泡沫板、一根笔芯、六个 O 型磁铁圆片、四个大小相等的垫圈、一个刀片

实验过程：

第一步：在泡沫板上用刀片刻出两个槽位，将四个磁铁圆片两两在槽位上安装固定好，见图（注意插入磁铁位置应该保持一致并且同一槽位磁铁应该保持一定的距离）。

第二步：用垫圈将两个磁铁固定在笔芯上，两个磁铁的距离和泡沫板上的两行磁铁距离相等。

第三步：调整泡沫板上的磁铁距离，尝试将笔悬空放置（放置时需要耐心地反复调试）。

活动流程：

准备好实验用品，按照实验过程做一做。

在爸爸妈妈的帮助下克服调试过程中遇到的困难。

查一查资料，了解是什么力量让笔芯能够悬空放置。

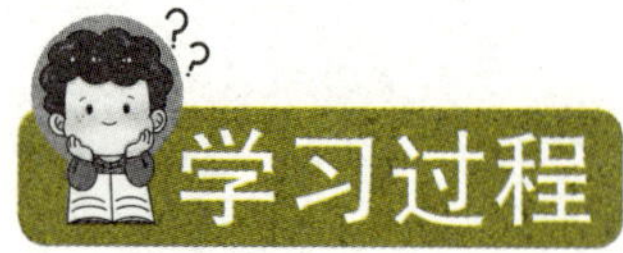

学习过程

学习目标：

1. 能参与并观察实验过程，感受科学的神奇力量。

2. 能探究、查证实验中笔芯能够悬空放置的奥秘。

3. 能使用书面语和口头语表达观察所得。

学习项目：

【项目作业一】阅读与鉴赏

想必你已经知道了吧，能够让笔芯悬空的力量就是磁力。可别小看磁力，别说这微小的笔芯，就连巨大的列车它也一样能够轻松腾空托举起来。阅读下面这篇文章，认识能贴地“飞行”的列车吧！

贴地“飞行器”

磁悬浮列车的速度惊人，真可谓贴地的“飞行器”。

据说，上海的短线磁悬浮列车建成后，由浦东国际机场到浦东中心龙阳路地铁站30公里的路程，大概只走7分钟，而乘火车要23分钟。从北京到上海，普通火车需12个小时，如果按照磁悬浮列车的速度，仅需3.5小时，只会比乘坐飞机慢一点。

乘坐磁悬浮列车很安全。因为磁悬浮列车底部有装置包着路轨，故不可能出轨。即使停电，车上的后备电源也可维持磁场，将车慢慢刹停。磁场会影响身体吗？答案是否定的。据测试，磁场对人的影响仅是电视的五分之一。

磁悬浮列车是怎样“飞”起来的呢？这都是超导新技术的功劳。

人们研究发现，处在超导状态下的物质，具有完全导电性和完全抗磁性两个基本特性。磁悬浮列车就是利用磁极同性相斥的原理，将超导磁体安装在列车底部，再在轨道上铺设连续的良导体薄板。电流从超导体中流过时，产生强大的磁场，形成一种向下的推力，当推力与车辆重力平衡时，车辆就可悬浮在轨道上方一定的高度了。通过改变电流来控制磁场强度，就能调整悬浮高度。

磁悬浮名副其实，启动时像浮在水上的小艇一样两边摇荡。但当火车加速后，车身就极稳定，全无晕浪的感觉。

一般高速火车要行驶25公里才能提速到300公里/小时，但磁悬浮列车行驶5公里便提速到这一时速，而且还可不停地加速。在这样的速度下，车厢里却出奇地宁静，没有隆隆的火车声，只有外面的飒飒风声。“300、325、350……”速度计在不停地攀升，一时间，所有的乘客都失去了快慢的感觉，有人拿出了相机，准备见证自己一生最快的速度。直到“409”这个数字出现后，列车方才开始减速，这个速度陆地上没有任何一种交通工具能比得上。车停后，乘客们这才松了一口气，有的还拍起手来……

由于是悬浮，所以列车运行时无震动、无污染，也不会脱轨。因此，乘坐磁悬浮列车不仅安全，而且感觉舒适。这种体验，你值得拥有。

分析与理解

1. 获取信息：从全文来看，磁悬浮列车具备哪些优点？

____

2. 评价鉴赏：全文大部分都是说明性文字，可是第七自然段却是记叙性文字，它对说明磁悬浮列车有怎样的作用？

____

3. 创意运用：磁悬浮列车是怎样“飞”起来的呢？请先完成

填空，再借助示意图，当一次科普讲解员为家人做一次讲解吧！

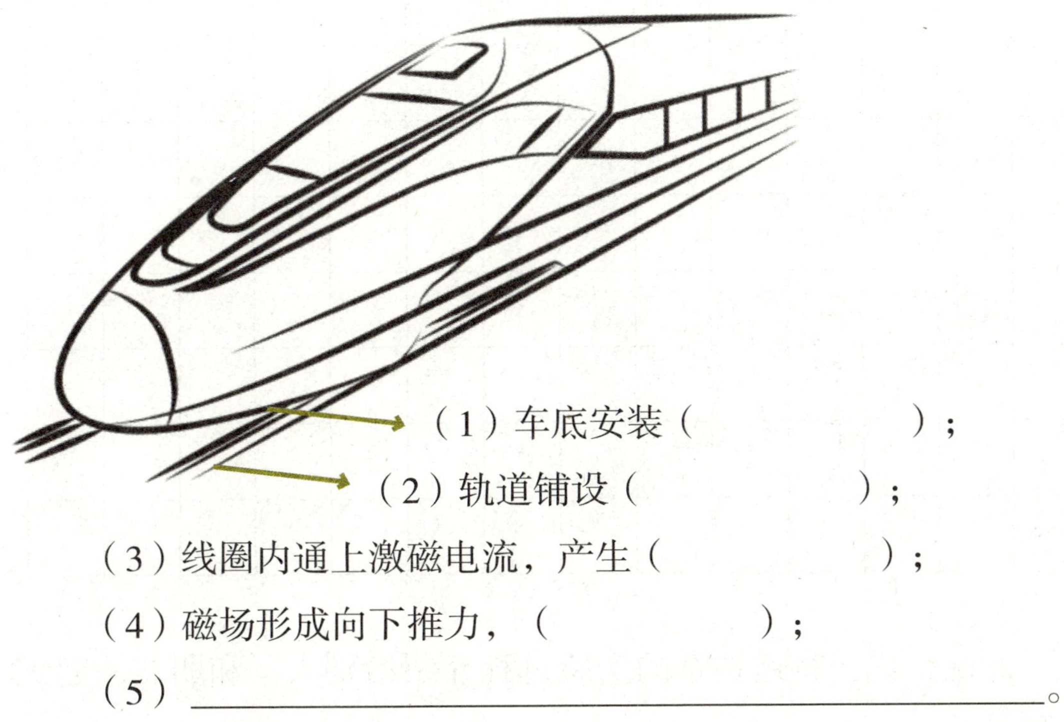

（1）车底安装（　　　　　　　）；

（2）轨道铺设（　　　　　　　）；

（3）线圈内通上激磁电流，产生（　　　　　　　）；

（4）磁场形成向下推力，（　　　　　　　）；

（5）____。

★阅读推荐★

《十万个为什么》（［苏联］伊林／著　董纯才／译）

【项目作业二】表达与交流

1. 完成实验后，结合体验写一写，将实验的过程写清楚。

提示：实验中，你是怎么做的？笔芯是怎么悬浮起来的？在实验过程中遇到哪些困难？这时候你有哪些感受？你又是怎么调整的？请在下面方格里写下片段。

写完之后，读给爸爸妈妈听一听，看看哪里不通顺还可以改一改。

2. 说一说：将这神奇的实验过程介绍给别人，和朋友一起试一试。

【项目作业三】梳理与探究

1. 指南针是中国古代四大发明之一，为什么能准确地指出南北的方向呢？这样的磁力是怎么产生的呢？感兴趣的话，你可以查阅资料了解更多知识。

2. 每块磁铁的磁力大小是不一样的。你可以用什么方式来测量磁力的大小呢？动手探究一番，看看你能梳理出几种测量的方式。

字词补给站

积累下面形容“速度快”的成语。

疾如雷电　风驰电掣　日行千里　健步如飞　快马加鞭

大步流星　白驹过隙　速战速决　一目十行　一日千里

★实验大揭秘★

同学们，磁铁有同性相斥、异性相吸的特点。当笔芯上的磁铁调整到与泡沫板上磁铁相斥的位置时，产生的磁力便可以将笔芯托起来。

风来啦！

“脚踏千江水，手扬满天沙，惊起林中鸟，折断园里花。”大家猜一猜这个谜语的谜底是什么。对了，它就是风！今天我们就来做一个小实验把“风”请出来吧！

活动过程

活动项目：风儿的诞生

活动场所：室内

活动时长：15 分钟

实验准备：大塑料瓶、小塑料瓶、热熔胶枪（特别提醒：使用热熔胶枪需要家长的陪同）、剪刀、美工刀、记号笔、蜡烛

实验过程：

第一步：将小塑料瓶拦腰剪断，以同样的方式剪开大塑料瓶，并且使用记号笔在大塑料瓶瓶身上画上小塑料瓶瓶口大小的圆圈。

第二步：用热熔胶枪钻孔，把小塑料瓶瓶口固定到记号笔画的大塑料瓶瓶身的圆圈上。

第三步：点燃蜡烛放到大塑料瓶里，观察火焰的状态，感受风的变化。

活动流程：

和爸爸妈妈一起做一做，想一想为什么要在大瓶子上面钻孔。

想一想：是什么东西推动着蜡烛火焰舞动起来？和父母交流自己的想法。

点燃瓶子中的蜡烛，仔细看一看，瓶子中蜡烛的火焰有什么样的变化。

学习过程

学习目标：

1. 能参与实验器材的制作，并观察实验中蜡烛火焰在瓶子中的变化。

2. 能跟爸爸妈妈探讨风儿流动的原理。

3. 能使用书面语和口头语表达观察所得，写出自己的体验。

学习项目:

【项目作业一】阅读与鉴赏

你已经体会到实验的快乐了吧！阅读下面两篇材料，体会“风”这一神奇的自然现象吧！

【材料一】

风的自我介绍

文 / 子衿

哈喽，大家好！我就是“全世界为之倾倒”的大名鼎鼎的风！

我是怎样诞生的呢？我的父亲“太阳”将它的光照射到大家居住的地球表面，随着地表温度的升高，我的母亲“地表的空气”受热膨胀变轻而往上升。在上升过程中，它又会逐渐冷却收缩变重而下沉，快接近地面时，因为地表温度较高，又会受热膨胀变轻而往上升。一上一下，如此循环往复，我就诞生啦！所以，我其实是地球上的一种空气流动现象，一般是由太阳辐射热引起的。

我的工作“两点一线”——由大海吹向陆地，或从陆地吹向大海。夏天，陆地温度高，海面温度低，地面空气蒸腾上升，海面的冷空气则填补了下方的空气空间；冬天，海面温度高，陆地温度低，海面空气蒸腾上升，地面冷空气则沿地面补充海面空间。我的“工作”路线会随着季节而变化，人们亲切地称呼“工作”中的我为“季候风”。

【材料二】

飓风和台风

文 / 悠然

新学期，大自然学校自然风班级转来了两个学生，一个叫“飓风”，一个叫“台风”。他俩长得一模一样，同学们很难分清他们。于是，班主任风婆婆把飓风和台风请到了讲台上分别做自我介绍。

飓风：大家好，我叫飓风，旁边是我的好兄弟台风。我们还有一个共同的名字——热带气旋，都是发生在热带或是副热带洋面上的低压漩涡。我们长得的确很像，瞧，这是我们的眼睛（飓风埋下头，指了指头顶上那个大大的黑洞），从眼睛这里往外延伸，分别是云墙区和螺旋雨带区。

台风：大家好，我是台风。飓风兄弟出生在东太平洋和大西洋海域，我呢，出生在西北太平洋和南海海域，这大概是我们俩唯一的区别了吧！

飓风：哈哈，我来补充一下。由于我们的出生地不同，人们对我们的描述也不太一样。人们在描述我的风力时，习惯用每小时多少公里或海里或英里，对台风的描述则是风力多少级或每秒多少米。由于描述不同，和我武力值相当的台风呈现出的数值会偏小，所以，大家经常会误解台风前进的速度更快，更厉害。

（飓风笑着伸出胳膊，搂了搂台风的肩膀。）

风婆婆：飓风说了那么多，台风，你来说一说飓风刚才提到的风力是怎么回事吧！

台风：好的，老师。刚才飓风说到了我和他的前进速度。相邻两地间的气压差越大，空气流动越快，风速越大，风的力量自然也就大。所以，风力是指风吹到物体上所表现出的力量的大小。人类气象部门根据风吹到地面或水面的物体上所产生的各种现象，把风力的大小分为 18 个等级，12 级以上风力的热带气旋被称为台风或是飓风。

风婆婆：哇！看来咱们班又添了两员“百米飞人”啊！为了让大家能更快地熟悉你们，我为你们准备了姓名牌，来，戴上吧！

风婆婆为兄弟二人挂上了姓名牌。

分析与理解

1. 获取信息：材料一告诉我们，风是地球上的一种 ________ 现象，一般是由 ________ 引起的 ________。

2. 形成解释：台风和飓风，谁的威力更大呢？请找出文中的句子证明你的看法。

____

3. 创意运用：我国台风多发生在东部沿海地区，有一个同学是陕西的，没有见过台风，你可以跟他说一说台风的一些知识吗？（如果你觉得文中的资料不够，还可以从课外资料中获取影像资料进行补充。）

____

★阅读推荐★

《改变人类历史的自然灾害》（［英］乔恩·怀特 / 编著　张顺生、朱敬 / 译）

【项目作业二】表达与交流

1. 做实验，仔细完成并观察实验过程，根据问题写一写，将实验的过程写清楚。

你可以这样来记录：

◎实验前：今天做什么实验？你的心情是怎么样的？

◎实验中：你先做什么？接着做什么？最后做什么？遇到了什么困难？实验中有什么样神奇的现象？试着把过程写一写。

◎实验后：实验的原理是什么？你有什么想法和感受？

根据这些问题，把实验过程写清楚，还可以写一写自己当时的心情。写完之后，读给爸爸妈妈听一听，看看哪里不通顺还可以改一改。

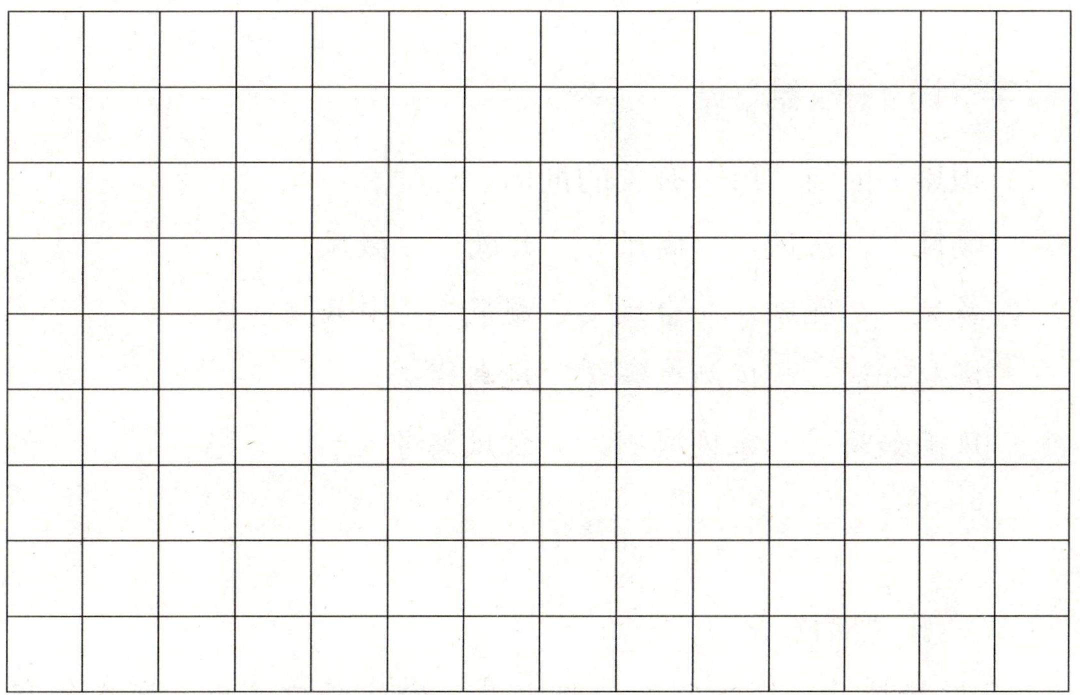

2. 说一说：将有趣的实验过程介绍给别人，和朋友一起试一试。

【项目作业三】梳理与探究

1. 留意生活，说一说风的流动还有哪些作用。

2. 看一看下面的画面，体会生活中风的流动给我们带来的好处和坏处。

图 1　利于植物成长

图 2　风力发电

图 3　风传播种子

图 4　台风天气

3. 想一想：生活中风的流动还有哪些坏处？人们是如何与风做斗争的？查阅更多的资料，说一说吧！

字词补给站

积累下面与“风”有关的词语。

暖风　寒风　霜风　大风　微风

暴风　飓风　台风　旋风　焚风

风起云涌　风驰电掣　风卷残云

风雨如晦　寒风凛冽　狂风怒号

★实验大揭秘★

点燃蜡烛后，瓶内空气受热上升，会从瓶口流出，瓶内的空气因此稀薄，压强变小。但此时，瓶外温度没变，压强就比瓶内高，瓶外的冷空气就会顺着小塑料瓶瓶口向大瓶内流动。瓶内的空气受热不断上升流出，瓶外的空气就会不断地流进瓶内。这样就形成了一股由瓶外向瓶内流动的空气，这股流动的空气就是风。

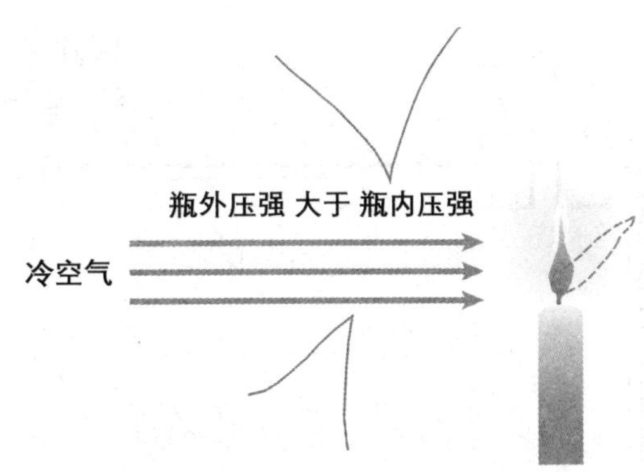

风往哪儿走，谁知道？

通过上一次的活动，我们已经知道了，风是通过空气的流动而产生的。京剧《借东风》中唱道：“我料定甲子日东风必降。”诸葛亮真有如此神力，能预判风向吗？我们很难说清其中的原委，但是我们也可以借助一些事物，成为当代“诸葛亮”！实验开始了，你准备好了吗？

活动过程

活动项目：观云测风向

活动场所：室外

活动时长：10 分钟

实验准备：一张桌子、一张纸、一支笔、一面镜子、一个指南针

实验过程：

第一步：选择一个多云的日子，在屋顶或院内空旷处摆放一张桌子，桌子上放一张纸，在纸的正中间摆放镜子。

第二步：用指南针确定镜子的北方，然后用笔标注镜子的东、南、西、北、东北、东南、西南、西北的位置。

第三步：观察并记录镜子中的白云移动的方向。

活动流程：

观察并记录镜子中的白云移动的方向。

查一查此时此刻此地的风向，验证白云移动的方向与风向的关系。

查一查资料，结合实验了解“风往哪里跑，云知道”的原理。

学习过程

学习目标：

1. 能参与“观云测风向”的实验并观察记录整个过程。
2. 能查证“观云测风向”这个实验相关的科学道理。
3. 能使用书面语和口头语表达实验中的见闻。

学习项目：

【项目作业一】阅读与鉴赏

你已经知道了吧，白云移动的方向就是风吹来的方向，也就是风向。接下来，阅读下面两篇小材料，继续了解风向！

【材料一】

相风鸟

长安宫南有灵台，高十五仞，上有浑仪，张衡所制。又有相风铜乌，遇风乃动。一曰长安灵台上有相风铜乌，千里风至，此乌乃动。

——［东晋］郭缘生《述征记》

【译文】

长安宫的南边有一个天文台，高十五丈，天文台上有浑仪（古代测量天体位置的仪器），这是张衡改进制造的。除此之外，天文台上还有一个用铜制作的像鸟儿一般的候风仪，遇到刮风就会转动。另有一种说法是，长安天文台上有一个铜质鸟形的候风仪，只有遭遇能吹过千里之地的雄劲之风，它才会转动。

读了上面的小古文，你是否对“相风鸟”这个风向仪的老祖宗心生向往呢？我们试着做一个简易相风鸟吧！

第一步，准备一根较长的细吸管（10—15 cm）、一支铅笔（一头带有橡皮擦）、一个纸杯、硬卡纸、剪刀、尺子、水彩笔。

第二步，制作相风鸟的“头”和“尾”。用剪刀在硬卡纸上剪一个等边三角形和一个正方形；再用剪刀将吸管的两端分别剪一个小口，分别将三角形和正方形卡纸插入吸管的两端。

第三步，先用尺子测量，找到吸管的中心点，再用细铁丝或大头针穿过吸管中央，将细铁丝或大头针的一头扎入铅笔头的橡皮擦内，调整平衡。接着，将铅笔固定在倒扣的纸杯上。

第四步，装饰。用剩余的彩色卡纸和水彩笔画自己喜欢的小鸟，再用剪刀剪下，贴在吸管居中的位置吧！

最后，将简易相风鸟立于空地或楼顶，观察之前先用指南针确认东、西、南、北四个基本方位。当风吹过，相风鸟鸟头（箭头）的方向就是风向。

手工制作——相风鸟

制作者：成都高新区中和小学 曾巧

【材料二】

沙漠求生

文 / 吴郑亚

自从看了热播电视剧《沙海》，天天和小夫迷上了那神秘莫测的沙漠，开始向往去巴丹吉林沙漠走一遭。刚放暑假，他俩就带上了食物、水、指南针等装备出发了。

在一望无际的大沙漠里徒步游历，哪有想象得那么轻松？尽管巴丹吉林沙漠里有大大小小一百多个湖泊，可是湖泊与湖泊之间还有很多高低错落的陡峭的沙丘。爬上山丘，再一骨碌滚下去，如此反复。热风微微吹拂，不时有细沙扬起迷住哥俩的眼睛。他们的体力很快下降，脚步逐渐沉重起来……

天天和小夫决定先找个背阴的沙坡歇歇脚，等太阳下山后就往回走。谁知，当他们准备继续赶路时，却发觉挂着指南针的那个背包消失了！也许是刚才他们休息时陷入了黄沙之中。这下，他们彻底傻眼了。

此刻，太阳早已消失了，无法通过影子来辨认东南西北，这一路全是长得差不多的沙丘，没有任何标志性建筑，该怎么走出去呀？小夫急得大哭起来："这可怎么办呀，天就要黑了，万一还有沙尘暴，我们没有地方藏身，岂不是会死在这里吗？"慌乱之中，天天注意到了沙丘，那一层层如波浪一般的褶皱不是指明了风向，又指明了方向吗？之前做旅行攻略时，他了解到巴丹吉林沙漠的风向比较固定，常年吹西北风，只要顺着背风面顺时针转动大约 45°，那就是正北方向，也是他们进入沙漠的方向。

有救了！就这样，根据风向的指示，天天带着小夫回到了起点，结束了这场"冒失"的徒步沙漠之行。

分析与理解

1. 获取信息：阅读材料一，完成填空。

相风鸟是世界上 ______ 的风向仪，它是 ______ 的发明。相风鸟的 ______ 方向就是风向，如果它朝向东边，那么此时的风是 ____ 风。

2. 形成解释：阅读材料二，请问沙丘和风向有什么关系呢？（可以画一画示意图哟！）天天是如何进行自救的呢？

3. 创意运用：用“先……然后……接着……再……”等表示顺序的词语描述制作简易相风鸟的步骤，再动手做一个简易相风鸟吧！

★阅读推荐★

绘本《风孩子的故事》（［德］辛芘·冯·奥尔弗斯／编绘　吴蓓／译）

绘本《风喜欢和我玩》（［美］玛丽·荷·艾斯／文、图　赵静／译）

【项目作业二】表达与交流

1. 在仔细地观察并记录镜子中白云移动的方向后写一写，将小实验的过程写清楚。

你可以这样来记录：

◎实验前，你做了什么准备？对云与风之间的关系有怎样的猜测？

◎观察镜子中白云移动的方向时，云的移动速度快吗？你是怎么记录的呢？你是否抬头看了天空中的云进行对比观察呢？

◎观察后，你是从哪里查询此时此地的风向的呢？当查询和观察的结果一致时，你有什么想法和感受呢？

根据这些问题，把实验写清楚，还可以写一写自己当时的心情。写完之后，读给爸爸妈妈听一听，看看哪里不通顺还可以改一改。

2. 说一说：将有趣的实验过程介绍给别人，和朋友一起试一试。

【项目作业三】梳理与探究

1. 留心观察生活，想一想风向对人们的生活产生了哪些影响。

2. 风儿往哪里跑，还有谁知道？查阅科普资料，更深入地了解风向吧！

字词补给站

1. 积累下面与“风向”有关的成语。

甘拜下风　　见风使舵　　借风使船　　随风转舵

顺风扯旗　　顺风而呼　　顺风倒柳　　占风望气

2. 积累下面与“风向”有关的谚语。

东风急，备斗笠。

不刮东风不雨，不刮西风不晴。

不怕阴雨天气久，只要西北开了口。

东风湿，西风干，北风寒，南风暖。

不倒的奥秘

你玩过不倒翁吗？无论怎么推，不倒翁总是不会倒下，它有什么魔法呢？你坐过地铁吗？地铁上总有人即使不扶不靠也能站得稳稳的，他是练了什么特别的功夫吗？让我们做做小实验，探寻不倒的奥秘吧！

活动过程

活动项目：倾斜不倒的易拉罐

活动场所：室内

活动时长：10 分钟

实验准备：一个空易拉罐、一个量杯

实验过程：

第一步：先试着倾斜未加入清水的空易拉罐，你发现__________。

第二步：倒入 200 ml 以上（易拉罐三分之二容量）清水，然后倾斜易拉罐，你发现__________。

第三步：倒入 110ml（易拉罐三分之一容量）清水，再倾斜易拉罐。瞧，易拉罐__________！

活动流程：

倾斜三种不同情况下的易拉罐，观察易拉罐是否倒下。

及时记录自己观察到的实验结果，猜测原因。

查一查资料，了解易拉罐倾倒与不倒的原因。

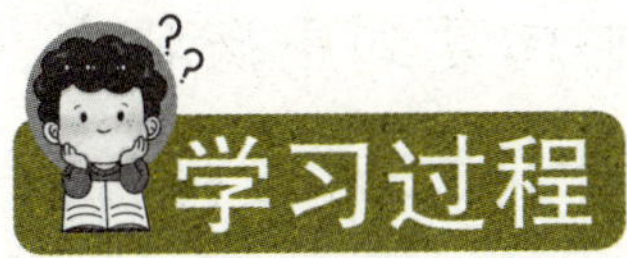

学习目标：

1. 能参与“倾斜不倒的易拉罐”的实验并观察整个过程。
2. 能理解这个实验印证的科学道理。
3. 能使用书面语和口头语表达实验过程中的观察所得。

学习项目：

【项目作业一】阅读与鉴赏

你已经知道利用重心保持平衡的原理了吧！接下来，阅读下面两篇小材料继续长知识吧！

【材料一】

空中自行车

骑自行车走钢丝，这么惊险刺激的场面，相信您也只在杂技表演中见过吧。在中国科技馆二层“探索发现”A厅就有这样一件展品。高空中有一条钢丝绳，钢丝绳上有一辆独轮自行车，独轮自行车下方连接有配重装置，连接杆可伸缩调节长度。独轮自行车加上配重后，人、车、配重组成一个系统，这个系统的重心在钢丝绳下方。支点在车轮与钢丝绳交接处，因此重心低于支点，实现了“稳定平衡”。因此，只要骑行人和车形成的合力矩小于配重形成的力矩时，任凭人和车怎样倾斜，都能够回复到平衡状态，而不会掉下来。那什么是重心呢？我们知道由于地球的吸引而使物体受到的力叫重力。重力的方向是竖直向下的，物体各部分所受重力的合力的作用点叫物体的重心。重心是任何物体的平衡点。重心与物体的平衡有着密不可分的联系。

比如说高高的塔式起重机之所以能稳稳地把成吨的器材举上高楼，就是在其下边的压重架里放入很重的钢锭作为配重，把重心降下来，提高稳度。我国古代劳动人民很早就使用配重来提高稳度了。明代航海家郑和在帆船的底舱里放置了大量的沙石当配重压载物，降低了船的重心，提高了船的平稳度，在惊涛骇浪中穿越了太平洋、印度洋，访问了30多个国家。

（选自北京中考模拟科普阅读汇编）

【材料二】

从不倒翁谈起

文 / 莫奎

你在童年的时候，大概玩过不倒翁吧！可是，你知道它是根据什么原理做成的吗？

熟练的手工匠人模仿了老人盘膝静坐的样子做成了不倒翁，这些“小老头”一般是采用两种不同的材料做成的。下半截，包括盘起的两脚和臀部，主要是用黏土塑成的；上半截，包括头、胸、腹和双手，都是用一层一层的薄纸裱起来的。黏土比纸重得多，所以，它的上半截轻而下半截重。

我们在谈不倒翁的时候，也可以联想到自己。我们每天从早到晚，也要做许多次的坐、卧和起立的动作。但是，你是否知道，坐在椅子上怎样才能够站起来？有些同学会抢着回答：“使一些劲不就行了吗？”可是事实上，单单使劲是站不起来的。不信的话，可以试一试。你把脊背挺直，让两条大腿平平地搁在椅子上，让小腿和脚掌顺势垂在地面上。这时候脊背和大腿之间、大腿和小腿之间、小腿和脚掌之间都成了直角。好，你就这样站起来看！不要说使一些劲，就是全部力气都使出来，也是站不起来的。

这是什么缘故呢？这就同重心有关系了。只有把身体的重心位置向前移动一点，才能稍微使一些劲顺势站起来。

分析与理解

1. 获取信息：材料一中，支点在车轮与钢丝绳交接处，因此重心 ______（选填“高于”或“低于”）支点，实现了“稳定平衡”。

2. 评价鉴赏：材料二中画横线的句子运用了______的修辞手法。我也能说一个这样的句子：______________________

3. 创意运用：相信聪明的你，一定可以利用乒乓球、白色硬纸、橡皮泥、剪刀、胶水等工具自制一个不倒翁，试试吧！

★阅读推荐★

《土豆博士的杂技表演：平衡与重心》（［韩］崔惠景/文 ［韩］金允贞/图 柳恋清/译）

【项目作业二】表达与交流

1. 在完成实验后写一写，将实验的过程写清楚。

你可以这样来记录：

◎倾斜空的易拉罐时，你是怎么做的？你尝试了几次才让它保持平衡？你想到了什么呢？

◎加入三分之一容量的清水后，再次倾斜易拉罐让它站稳，是不是容易了很多？你有什么想法呢？

◎此时，轻轻推动易拉罐，你发现了什么？心情如何？又想到什么呢？

根据这些问题，把实验写清楚。写完之后，读给爸爸妈妈听一听，看看哪里不通顺还可以改一改。

2. 说一说：将利用重心保持易拉罐平衡的方法介绍给别人，和朋友一起试一试。

【项目作业三】梳理与探究

1. 留心观察生活，身边有哪些事物、哪些运动巧妙地利用了重心原理来保持平衡呢？

2. 你能试着找找七巧板中七块板各自的重心吗？找到后，做上标记，再试试用一根筷子顶起来，验证一下它是否保持了平衡吧！

字词补给站

积累以下关于“平衡”的词语与名句吧！

七平八稳　　鉴空衡平　　调剂盐梅

子母相权　　得不酬失　　虚实失度

千钧将一羽，轻重在平衡。

——［唐］韩偓《漫作·黍谷纯阳入》

伟大往往是各种对立品质自然平衡的结果。

——［法］狄德罗

★实验大揭秘★

当易拉罐倾斜且罐中水有三分之一至二分之一时，水的重心在底部与桌面的两个接触点之间，水调节了易拉罐的重心位置，所以易拉罐能够保持平衡，这就是重心与平衡的原理啦！

参考答案

有“魔力”的纸

【项目作业一】阅读与鉴赏

1. ①水　②肥皂水　③鸡蛋清　④牙膏

2. 不可以，画波浪线的句子描写的是实验围观人群热闹的样子。通过描写人们对马德堡半球实验的关注，为后文人们震惊于大气压强的力量做铺垫。

3. 答案略。

【项目作业三】梳理与探究

1. 利用注射器来吸药液、利用打气筒给自行车打气、利用吸软管给鱼缸换水、利用吸管喝饮料。

2. 利用大气压强，人们还发明了真空压缩包装袋、吸尘器、高压锅、拔罐疗法等。

神奇的“胶水”

【项目作业一】阅读与鉴赏

1. ①静摩擦力　②滑动摩擦力　③滚动摩擦力

2.“抓不住杯子，而把杯子摔碎了；门板被我一抓就拆下来了”，以上属于静摩擦力。

“路上的车子都无法刹车，发生了大事故”这个现象属于滚动摩擦力。

3. 两种都可以，能够有条理地说出自己的依据即可。

4. 答案略。请用摩擦力的观点来解释。

【项目作业三】梳理与探究

1.（1）和（3）是增大摩擦力；（2）和（4）是减少摩擦力。

2. 生活中的摩擦力比比皆是，如人们洗手时靠双手摩擦把手上的灰尘洗掉；吃东西时牙齿和食物发生摩擦；用板擦擦黑板。在我们的生活中，只要物体相互接触就会产生摩擦力。

3. 答案略。

有趣的热胀冷缩

【项目作业一】阅读与鉴赏

1. 第二自然段科学老师的话。

2. 热胀冷缩的原理。

3. 煮熟的鸡蛋剥不开壳，我们可以拿来一碗冷水，将热鸡蛋放进冷水中，热胀冷缩，轻松剥开蛋壳。

【项目作业三】梳理与探究

都是热胀冷缩现象。

探秘热传递

【项目作业一】阅读与鉴赏

1. 金　铜　水银

2. 金属传递热的能力强，而勺子的把手是人要接触的地方，所以需要木头这类传递能力较弱的材料来做，防止烫伤。

3. 我认为乐乐的做法不对。我会对他说："乐乐，保温杯的使用说明书提醒我们不要在杯中盛放牛奶这种易变质的液体。牛奶还是在家中一次性喝完，这样才有益于身体健康哟！"（言之有理，语气礼貌即可）

【项目作业三】梳理与探究

1. 炒栗子的铁锅传热快，加入沙子后，沙子吸取大量的热量，这样板栗就能均匀受热，不会外表被炒煳而里面还是生的；棉被与木箱隔绝了灼热的空气，让冰棍不易融化。

2. 减缓热传递：端热汤碗时，用毛巾垫着隔热。加快热传递：用锡纸包裹食物烤制。

大自然的"吸水大法"

【项目作业一】阅读与鉴赏

1. 推竹首插水中五尺，于竹末烧松桦薪或干草，使火气自竹内潜通水所，则水自中逆上。

2. 在空瓶里或是竹筒一端烧火，容器内空气受热后体积变大，密度变小，当容器内气压小于外部大气压强时，水就被"压"入容器内啦！因此，用"火气"引水包含了"热胀冷缩"与"虹吸"两个科学原理呢！

3. 答案略。

【项目作业三】梳理与探究

1. 输液时抽取液体的虹吸管、虹吸式马桶、小朋友的玩具水枪等。

2. 用于水处理的虹吸滤池；用于雨水收集的虹吸屋面排水系统；用于灌溉的“坎儿井”；非洲的“鬼湖”图尔卡纳湖。（仅供参考）

神奇“魔法水”

【项目作业一】阅读与鉴赏

1. 玻尔将诺贝尔金质奖章溶解在王水中，然后将液体装于玻璃瓶中，并将它放在柜面上。

2. 波义耳无意中发现溅上盐酸的紫罗兰花瓣奇迹般地变红了，他意识到紫罗兰中有一种成分遇盐酸会变红。经过多次实验，他利用石蕊地衣的浸液遇酸变成红色，遇碱变成蓝色的特点，制成了实验中常用的酸碱试纸。

3. 答案略。能围绕设问的作用回答即可。

【项目作业三】梳理与探究

1. 碱性食物：蔬菜、茶叶、水果、豆制品、牛奶等。
   酸性食物：肉、蛋、鱼、米饭、面食、糖、甜食等。

2. 答案略。根据实际探究过程填写即可。

隐形“墨水”

【项目作业一】阅读与鉴赏

分析与理解

1. 红色　褪色

2. 热可擦笔　强光　冷却

3. 答案略。

【项目作业三】梳理与探究

1. 图中出示的食物都含有淀粉。

2. 答案略。

秀外慧中的“柑橘精油”

【项目作业一】阅读与鉴赏

1. 自然界中某些植物的细胞会分泌出芳香的分子，这些分子聚集成香囊，散布在花瓣、叶子或者树干上。将这些香囊提炼萃取后，就得到了植物精油。

2. 材料一从两方面普及了“精油”常识：什么是精油以及精油的两种常见使用方法。

3. 妈妈，您在这些护肤产品中加入精油，这种做法的确能为您的皮肤护理锦上添花。但是，我了解到，精油极易挥发，应避光放置于干燥、阴凉的环境中，厨房、卫生间过于潮湿，不利于精油的保存。建议您选一处干燥、阴凉的地方固定存放这些精油。（仅供参考）

似是而非的身份

【项目作业一】阅读与鉴赏

1.（1）

	时间	地点	作用
“马铃薯”的培植与传播	公元前 8000 年到公元前 5000 年	秘鲁南部地区	观赏花朵
	16 世纪中期	欧洲	观赏花朵
	1586 年	英国	战争胜利品

“马铃薯”的培植与传播	后来	法国	食用
	17 世纪	中国	食用

（2）18　身份证持有人首次登记户籍时的地址　省、市、区　第七位至第十四位

2.“至少”一词不能去掉，因为我们并不能确定传输途径只有四条，这样表达更严谨。

3. 这是成都高新区新光小学“福娃驿站”中队的黄馨玥小朋友为“芋头”设计的身份证，仅供参考——

姓名 芋头

类别 蔬菜 — 变态茎 — 球茎

出生 清朝 1936年

住址 东南亚、日本、中国

蔬菜身份证号码 102319362122819634

中华人民共和国

蔬菜身份证

发证机关：新光小学福娃驿站调查部

有效期限：长期有效

制作说明：

1. 类别栏：注明这种蔬菜属于植物的哪种器官。
2. 出生栏：这种蔬菜最初食用（传入）的时间。
3. 住址栏：这种蔬菜现在在世界范围的种植情况。
4. 身份证号栏：参考人类身份证号编制方法，自行创意设计，有理即可。

　可在此备注设计理由：**1023（办理身份证的日期）1936（传入中国的时间）121228（在中国居住的天数）1963（我爷爷的生日，他是农民）4（验证码）**

5. 照片栏：可手绘这种蔬菜，也可贴图片，要清楚呈现蔬菜的特点。
6. 发证机关：写上你所在的学校与班级，当然，也可以用特色中队名哟！

【项目作业三】梳理与探究

1. 生活中常见的“出土”蔬菜中，属于变态茎的有生姜、洋葱、芋头、荸荠、慈菇等。

2. 胡萝卜（根）　西瓜（果）　甘蔗（茎）　花菜（花）

3. 植物中不只存在“变态茎”，也会有“变态根”和“变态叶”。

神奇的“鸡尾酒”

【项目作业一】阅读与鉴赏

1. 一位叫贝特西·弗拉纳根的女侍者灵机一动，把所有的剩酒统统倒在一个大容器里，并用一根鸡毛将酒搅匀端出来奉客。由于各种酒的密度不一样，颜色也不一样，因此，混合酒呈现出了别样的迷人姿态。面对军官们的询问，贝特西介绍说：“这是鸡尾酒！”一位军官高兴地举杯祝酒，还喊了一声：“鸡尾酒万岁！”

2. 相似之处是因为液体密度不同而都出现了分层现象。

3. 杯中液体下层为盐水，上层为蓝色淡水。

【项目作业三】梳理与探究

1. 液体最后呈现的分层顺序不会变。

2. 浓盐水密度＞淡盐水的密度＞纯净水的密度

肥皂的那些事儿

【项目作业一】阅读与鉴赏

1. 肥皂荚　皂荚（皂角）　草木灰　澡豆

2.B

3. 答案略。

【项目作业三】梳理与探究

1. 发现相似的成分，比如水、甘油、香精，带有“酸碱”字样的物质成分。（有对比发现，能归纳总结即可。）

2. 答案略。

厉害的水面张力

【项目作业一】阅读与鉴赏

1. 水的表面分子手拉手，形成了一层看不见的膜　油脂　糖水　茶水　275 名民众　一辆车

2. 我更喜欢第一篇材料。“可是，大侠只能剧中有，世间能得几回见？NO！NO！NO！此话一出，动物们不乐意了。”这句话很有意思，首先，作者仿照“此曲只应天上有，人间能得几回闻？”这句古诗来表达“大侠”不存在，接着用三个 NO 来强调这种说法的错误，很自然地引出了下文。（言之有理即可）

3. 答案略。

【项目作业三】梳理与探究

1. 图三与众不同，因为其他三幅图都是利用水面张力，而图三中的筷子破坏了水面的张力。

2. 人类根据表面张力发明了自来水笔、防水雨具；人类利用洗洁剂可以破坏液体表面张力的特点，轻松搞定油锅。

膨胀的面包

【项目作业一】阅读与鉴赏

1. ①生物发酵　②化学发酵

2. 首先要用黄油、面粉、牛奶制成调味汁，并在调味汁中加上蛋黄和干酪末后加热待用。

接下来这个步骤很重要，将三个鸡蛋的蛋清滤到碗中，接着用力搅拌蛋清，让液体最终变成厚而稳固的泡沫。

随后，将这些泡沫拌入已经冷却的调味汁，再分装到模具中，

放入烤箱中烤制。

水蒸气同泡沫蛋白中所含的空气促使面团膨胀。同时，烤箱中高达 180 摄氏度的高温足以让蛋奶酥中的水分变为气体，全部蒸发掉。

这样，蛋奶酥就制作成功了！

3. 答案略。

【项目作业三】梳理与探究

通过查找资料，我发现生活中人们运用酵母发酵米酒，还运用酵母酿造酱油、米醋等。

东南西北中

【项目作业一】阅读与鉴赏

1.（1）√；（2）×；（3）×。

2. 开船的人很会辨认方向，晚上的星星、白天的太阳，都能成为指明航向的标志物，当日月星辰都晦暗无光的时候，就会依靠指南针来辨别方向了。

3. 答案略。

【项目作业三】梳理与探究

1. 中国“北斗”卫星导航系统　美国 GPS 全球定位系统

欧盟“伽利略”卫星导航系统　俄罗斯“格洛纳斯”卫星导航系统

2. 答案略。

贴地“飞行器”

【项目作业一】阅读与鉴赏

1. 优点有：速度快，运行时舒适、无污染、安全。

2. 通过记叙，生动、具体地说明了磁悬浮列车速度快。

3.（1）超导磁体；（2）良导体薄板；（3）磁场；（4）与车辆重力平衡；（5）通过改变电流来控制磁场强度，就能使悬浮高度得以调整 。

【项目作业三】梳理与探究

1. 因为地球本身就有强大的磁场，使指南针能够永远指出南北。地球的磁场之所以会产生，是因为本身在自转做圆周运动，运动的电荷就是电流，电流必然产生磁场。

2. 测量磁力大小的方法：测量磁铁的重量，磁铁重的磁力较大；计算吸住的回旋针数量，数量多的磁力大……

风来啦！

【项目作业一】阅读与鉴赏

1. 空气流动　太阳　辐射热

2. 台风与飓风威力一样大。文中句子——人们在描述我的风力时，习惯用每小时多少公里或海里或英里，对台风的描述则是风力多少级或每秒多少米。由于描述不同，和我武力值相当的台风呈现出的数值会偏小，所以，大家经常会误解台风前进的速度更快，更厉害。

3. 台风属于热带气旋的一种，热带气旋是发生在热带或副热带洋面上的低压涡旋，是一种强大而深厚的“热带天气系统”。

台风一般发生在沿海地区，夏、秋两季多发，台风天气主要表现是刮风和强降雨。（答案不唯一，仅供参考。）

【项目作业三】梳理与探究

1.（1）风能吹干衣服上的水，使人凉爽，使火苗更旺，推动帆船，传播花粉等。（2）人们利用风车推磨、拉风箱吹炉火、电风扇吹风能凉快；帆船是利用风航行的，滑翔机是利用风的力量飞上天的。（3）风力发电没有污染，又取之不尽，是理想的动力。（4）风可以调节大气的温度差异，使温度变化。（答案不唯一）

2. 答案略。

3. 风对人类有很多的好处，风不仅有利于植物的成长，还可以传播种子，人类使用风力发电。但是风也是有害处的，风的能量非常大，风过大可以吹起风沙，吹倒树木，吹起海浪打翻帆船，甚至还能把牲畜和房屋卷到天上去，造成生命财产损失。当然，人们也可以防风，如栽防风林挡风沙、预报台风让船进港等，总之要尽量减少风造成的伤害。

风往哪儿走，谁知道？

【项目作业一】阅读与鉴赏

1. 最早　张衡　乌头　东

2. 沙丘一般为新月形，坡度平缓的一侧为迎风坡，较陡的一侧为背风坡。天天通过观察沙丘的形状找到了东北方向，再确认了他们进入沙漠的正东方向，最后获救。

示意图：

3. 答案略。

【项目作业三】梳理与探究

1. 风向影响城市规划，如工业区应选择在居民区的下风向处；飞机起飞最好选择逆风的方向，船只航行应选择顺风的方向，以提高航速，等等。

2. 可以利用风向标、旗帜飘扬的方向、新月形沙丘、旗形树冠等判断风向。

不倒的奥秘

【项目作业一】阅读与鉴赏

1. 低于

2. 设问　比如，学语文要多阅读吗？一定要！（句子供参考）

3. 答案略。

【项目作业三】梳理与探究

1. 下山坡时要放低重心，增加身体的稳定性；滑雪运动员会把腰和膝盖弯得很低，也是为了将重心下降，保持稳定；风扇底座；比萨斜塔等。

2. 答案略。

跨学科语文创意作业4

主　　编：何　捷
副 主 编：谢晓丽
执行主编：邱雨林　吴　瑕
插画绘制：吴建华

下册

山东城市出版传媒集团·济南出版社

图书在版编目（CIP）数据

跨学科语文创意作业．4 / 何捷主编．-- 济南：济南出版社，2022.8

ISBN 978-7-5488-5179-0

Ⅰ．①跨… Ⅱ．①何… Ⅲ．①小学语文课—教学参考资料 Ⅳ．①G624.203

中国版本图书馆 CIP 数据核字（2022）第 136271 号

跨学科语文创意作业 4 下册　　何　捷　主编

出 版 人：田俊林
图书策划：李圣红　董慧慧
责任编辑：董慧慧　陶　静
特约校对：乔彦鹏
封面设计：八　牛
插画绘制：吴建华
版式设计：张　倩
内文排版：郭春兰
出版发行：济南出版社
地　　址：济南市二环南路 1 号
邮　　编：250002
印　　刷：济南新先锋彩印有限公司
成品尺寸：185mm × 260mm　16 开
印　　张：19.5
字　　数：219 千
版　　次：2022 年 8 月第 1 版
印　　次：2022 年 10 月第 1 次印刷
书　　号：ISBN 978-7-5488-5179-0
定　　价：45.00 元（上下册）

目录

目录

会“唱歌”的绳子

我们每天都会听到各种各样的声音，那么你和小伙伴们探讨过声音吗？声音是怎么产生的？今天让我们一起做一个好玩的声音实验，破解声音的秘密。

活动过程

活动项目：会“唱歌”的绳子

活动场所：室内

活动时长：10 分钟

实验准备：一根细且坚韧的绳子、一个有两个孔的大纽扣

实验过程：

第一步：把绳子穿过纽扣孔，在末端打结，把纽扣放在绳子中间。

第二步：把纽扣两端的绳子，各套在两只手的食指上，转动纽扣几次。向里或向外转皆可，但要保持同一方向。

第三步：当绳子绕成一团时，分开手，把绳子拉紧，然后将手收拢再分开。如此反复，直到绳子解开为止。

活动流程：

仔细观察父母做实验，关注纽扣扭转方向和声音的变化。

尝试自己做实验，纽扣改变扭转方向或是扭转的圈数，关注声音的持续时间。

查一查资料，了解声音是怎样产生的。

学习过程

学习目标：

1. 能参与“会‘唱歌’的绳子”这个实验并观察绳子发声的过程。
2. 能写清楚“会‘唱歌’的绳子”这个实验的步骤和发现。
3. 能使用书面语和口头语表达观察所得，写出自己的体验。

学习项目：

【项目作业一】阅读与鉴赏

你已经体会到实验的乐趣了吧！我们不仅学会了在实验中进行观察，还体会到动手实践给我们带来的快乐。阅读下面的材料，见识生活中更多的声音！

【材料一】

早蝉

［唐］白居易

六月初七日，江头蝉始鸣。
石楠[①]深叶里，薄暮两三声。
一催衰鬓[②]色，再动故园情。
西风殊未起，秋思先秋生。
忆昔在东掖[③]，宫槐花下听。
今朝无限思，云树绕湓城[④]。

【注释】

①石楠：蔷薇目、蔷薇科、石楠属木本植物，常绿乔木类。

②鬓：脸旁靠近耳朵的头发，耳际之发。

③东掖：代指太子居住的东宫。

④湓城：历史古县名，今江西省九江市瑞昌市境内。清湓山有井，形如盆，因号湓水，城曰湓城。

【译文】

农历六月初七的时候，江边树上的蝉开始鸣叫了。蝉躲在石楠树茂密的树叶里，在傍晚的时候叫上两三声。蝉的叫声让我猛然意识到自己鬓角已白，也回不去旧时的家园了。秋风还没开始吹，悲伤的情绪就已从心底泛起。回想当年还在太子宫中任职时，我总是在槐花树下听蝉鸣。现在我内心有无限的愁绪，就像白云覆盖了整个城市，让人透不过气来。

【材料二】

（一）

蛇蟠洋

［明］王廷藩

千山紫菜万山苔，叶叶轻帆四面开。

清夜船头声聒耳，成群石首溯潮来。

【译文】

礁石上长满了紫菜和绿苔，蛇蟠洋上渔帆点点。凉风拂面的夜晚，船头传来聒噪的声音，那是成群的石首鱼（黄鱼）正溯潮而上发出的声响。

（二）

听声捕鱼

（石首鱼）每岁孟夏，来自海洋，绵亘数月，其声如雷，若有神物驱押之者。渔人以竹筒探水底，闻其声，乃下网截流取之，有一网而举千头者。

——［明］田汝成《西湖游览志余》（节选）

【译文】

（石首鱼）每年四月，就会从海洋成群结队地游回。鱼群非常庞大，游动时能发出如雷般的声响，仿佛有神仙在驱赶着将它们押送回来一般。渔民们用竹筒探入水底，听到鱼群的声音后就撒下渔网并截断水流捕捞群鱼，有人一网就捕获了上千尾石首鱼。

分析与理解

1. 获取信息：你在三篇诗文中发现了哪些声音？请写下来。

____

2. 评价鉴赏：材料一是一首五言古诗。有人认为这首古诗虽然题目是“早蝉”，但实际上是在抒发作者内心的感慨。你赞同这种说法吗？结合注释与译文，在这首古诗中找到相应的诗句来阐述你的看法。

____

____

3. 创意运用：你对材料中的哪一种声音更感兴趣呢？你还可以在生活中寻找自己喜欢的声音，并用思维导图梳理出来。（你可以填写下面的表格，也可以自己创意绘制哟！）

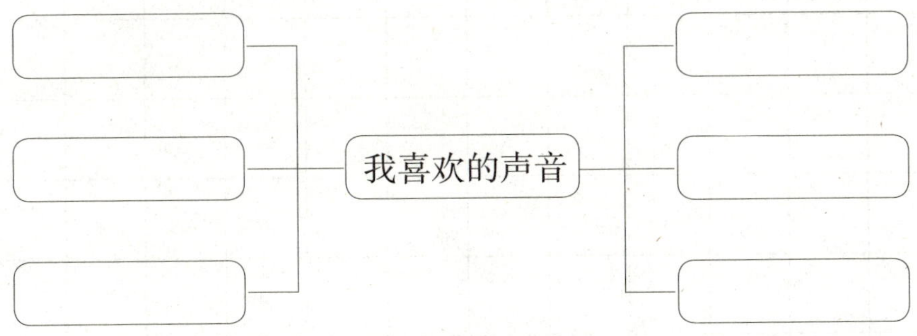

★阅读推荐★

《寻找海洋怪声》（胡妙芬 / 著　彭永成 / 绘）

【项目作业二】表达与交流

1. 做实验，动手参与，仔细观察，将实验的过程写清楚。

你可以这样来记录：

◎实验前：今天做什么实验？你们准备了哪些材料？你对实验结果的预设是什么？

◎实验中：爸爸妈妈或者你是怎么做的？绳子发出了什么样的声音？绳子旋转时的状态是怎样的？你的手指头有什么感觉呢？什么情况下声音消失了？

◎实验后：你明白声音是怎么产生的吗？这个实验给了你什么启发或是联想呢？

根据这些问题，试着写一写实验的过程。写完之后，读给爸爸妈妈听一听，看看哪里不通顺，还可以改一改。

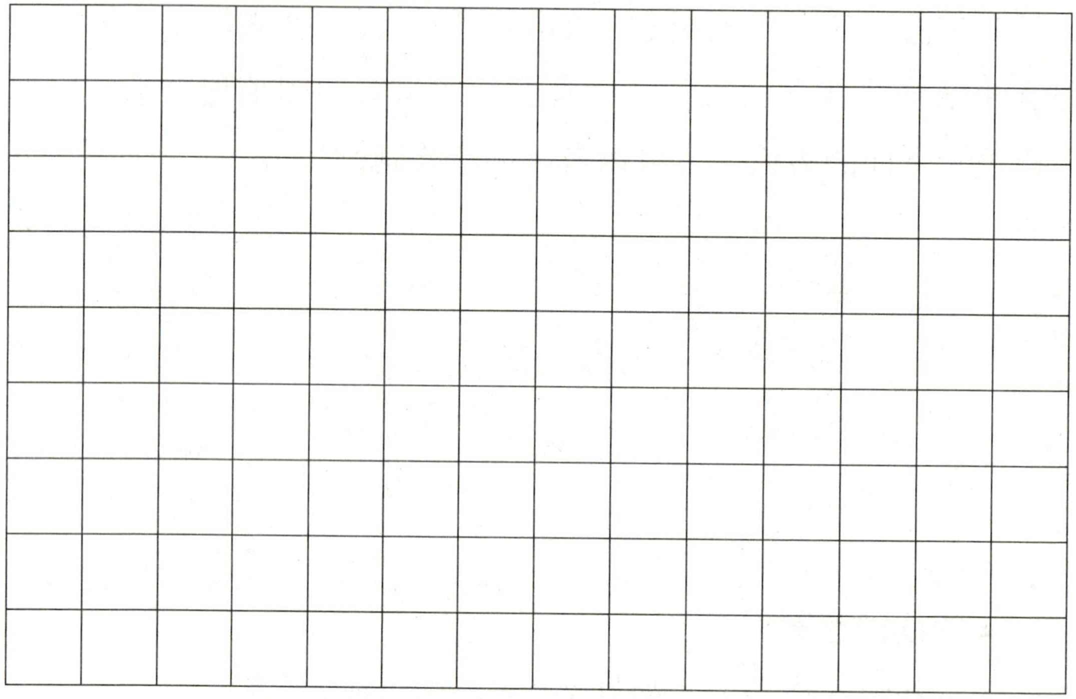

2. 说一说：将有趣的实验过程介绍给别人，和朋友一起试一试。

【项目作业三】梳理与探究

1. 生活中的“声音”从哪里来？快来总结“声音”小常识吧！

我发现，当我们对物体做出＿＿＿＿＿＿、＿＿＿＿＿＿、＿＿＿＿＿＿、＿＿＿＿＿＿、＿＿＿＿＿＿……这些动作时，都可以发出声音；我还发现，生活中＿＿＿＿＿＿、＿＿＿＿＿＿、＿＿＿＿＿＿的声音很特别。

2. 在古代，制造声音是古人探索发现的乐趣，他们创造了许多独特的乐器来传递内心的感受。孔子曾用“子在齐闻韶，三月不知肉味”来描述音乐的魅力。赶紧查查资料，认识中国古代的十大乐器吧！

字词补给站

积累下面的句子，聆听“自然界中的声音”。

1. 雨滴叮叮咚咚地落到积水中，敲打出深沉的琴声。

2. 一阵秋风吹过，树叶就“沙沙”地响起来，时而随风左右摇摆，时而前后晃动，与前面的叶子“哗哗”地摩擦着，像在荡秋千；时而绕着圈子，“唰——唰”地画圈，跳着摇摆舞。

"弹跳"的小钢尺

生活中的声音无处不在，声音的强弱、高低也各不相同。让我们利用小钢尺探究声音高低强弱的奥秘吧！

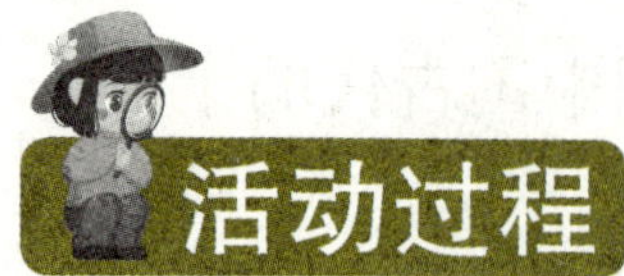

活动项目：弹跳的小钢尺

活动场所：室内

活动时长：15 分钟

实验准备：一把 20 厘米的钢尺

实验过程：

第一步：把钢尺紧紧按在桌面上，一端伸出桌边，拨动钢尺。控制拨动的力度，调整钢尺伸出桌边的长度，用"大、中、小"记录不同情况的发声体验——

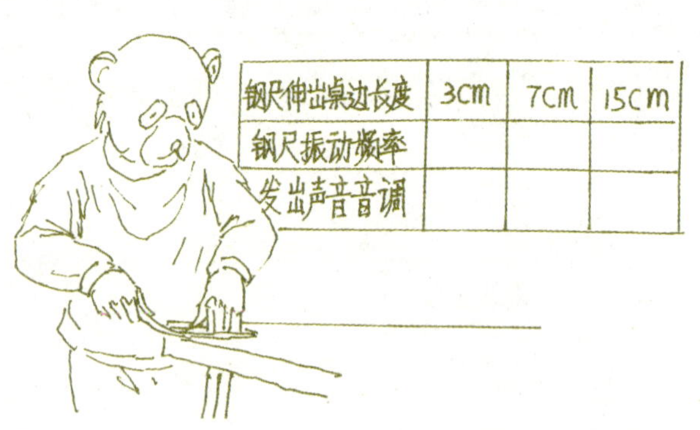

钢尺伸出桌边的长度	3cm	7cm	15cm
钢尺振动的频率			
发出声音的音调			

第二步：把钢尺紧紧按在桌面上，一端伸出桌边，拨动钢尺。控制尺子伸出桌面的长度不变，调整拨动的力度，用“大、中、小”记录不同情况的发声体验——

拨动钢尺的力度	轻轻拨动	稍微用力	使劲按压
钢尺振动的幅度			
发出声音的响度			

第三步：参照体验记录表，总结实验结论。

我发现：音调的高低与 ____________ 有关；声音的响度与 ____________ 有关。

（A. 物体振动的幅度　　B. 物体振动的频率）

活动流程：

认真按照实验要求拨动小钢尺，观察它震动的样子，倾听它发出的声音。

查一查资料，了解影响声音高低强弱变化的原理，印证自己的推论。

及时记录两次实验的体验，总结实验结论。

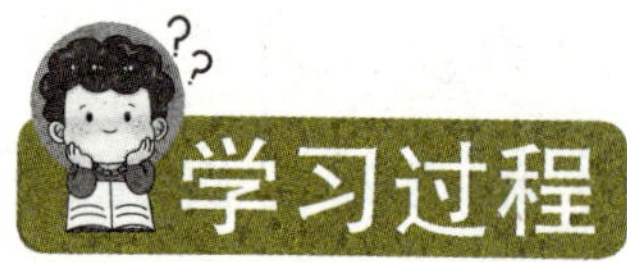

学习过程

学习目标：

1. 能参与拨动钢尺发声的实验并观察实验过程中声音的变化。
2. 能查证实验中影响声音高低强弱变化的原理。
3. 能使用书面语和口头语表达实验中的观察所得。

学习项目：

【项目作业一】阅读与鉴赏

你已经知道了吧！声音的高低与物体振动的快慢有关。接下来，阅读下面两篇关于声音高低强弱的小材料！

【材料一】

编　钟

远古时期，我们的祖先创造了世界上最早的钟。中国古代的钟不是用来报时的钟表，而是举行仪式的重要乐器。编钟是我国古代的一种打击乐器，用青铜铸成。古人把不同的钟按照音调高低的次序排列起来，悬挂在钟架上，用木槌敲击，演奏乐曲。它既可以用于独奏、合奏，也可以为唱歌和舞蹈伴奏。

1978 年在湖北随县出土的曾侯乙编钟，是我国目前出土数量最多、保存最好、音律最全、气势最宏伟的一套编钟。这套编钟以恢宏的气势、精湛的铸造工艺、非凡的音乐效果以及内容丰富的乐律铭文震惊了世界！曾侯乙编钟每件呈椭圆形，钟口凹陷，周身镌刻有精美的纹饰和文字。钟架上也刻有花纹。全套编钟共六十五件，以大小和音高为序编成八组，悬挂在两列三层的钟架上。下层悬挂着十二件大甬钟和一件镈钟，中层悬挂着三十三件中等的钟，上层悬挂着十九件小钟。整套编钟排列整齐，宏伟壮观。这套编钟因下排甬钟上铭刻有"曾侯乙"而得名。钟架由两百四十五个构件组成，设计精巧，结构稳定，可以拆卸。它历经两千多年，出土时依然矗立如故，让人赞叹不已。

这套在地下埋藏了两千四百多年的大型编钟，至今音乐性能良好。它音域宽广，仅次于现代钢琴；音色纯正并富于变化，高音区清脆，中音区洪亮，低音浑厚，不仅可以演奏动听的古代乐曲，而且能演奏中外现代音乐。更为神奇的是，一般的物体只能发出一个乐音，而编钟的每件钟都能发出两个乐音，并且互不干扰。中国古代一钟双音的创造令世人惊叹不已。

（选自苏教版语文教科书六年级下册）

【材料二】

《琵琶行并序》（节选）

［唐］白居易

大弦嘈嘈[①]如急雨，小弦切切[②]如私语。

嘈嘈切切错杂弹，大珠小珠落玉盘。

间关[③]莺语花底滑，幽咽泉流冰下难[④]。

冰泉冷涩弦凝绝，凝绝[⑤]不通声暂歇。
别有幽愁暗恨生，此时无声胜有声。
银瓶乍破水浆迸[⑥]，铁骑突出刀枪鸣。
曲终收拨当心画[⑦]，四弦一声如裂帛。

【注释】

①大弦：指琵琶上最粗的那根弦。嘈嘈：声音沉重抑扬。

②小弦：指琵琶上最细的那根弦。切切：声音细促清幽。

③间关：象声词，形容婉转的鸟鸣声。

④幽咽：形容低微的流水声。冰下难：形容乐声由流畅变为冷涩。

⑤凝绝：凝滞。

⑥迸：溅射。

⑦曲终：乐曲结束。当心画：用拨子在琵琶的中部划过四弦，是曲终时常用到的右手手法。

分析与理解

1. 获取信息：阅读材料一，编钟是我国古代的一种__________，用__________铸成。__________________，是我国目前出土数量最多、保存最好、音律最全、气势最宏伟的一套编钟。它每件呈__________，__________，周身镌刻有精美的__________。

2. 评价鉴赏：阅读材料二，读画横线的句子，你觉得写得怎么样？简单地谈谈你的感受。

____

3. 创意运用：曾侯乙编钟现藏于湖北省博物馆，为该馆“镇馆之宝”。假如你就是博物馆里的讲解员，请你用自己的话向游客介绍曾侯乙编钟。

★阅读推荐★

《可怕的科学·声音的魔力》（［英］尼克·阿诺德／原著　［英］托尼·德·索雷斯／绘　韩庆九／译）

【项目作业二】表达与交流

1. 仔细地观察自己拨动钢尺后发生的现象，然后写一写，将实验的过程写清楚。

你可以这样来记录：

◎实验前，你做了什么准备？你有什么疑惑？

◎实验中，用上表示顺序的词语描述你的做法；用举例子、打比方、列数字等方法，写一写钢尺上下震动的样子；写一写你当时听到的声音。

◎实验后，你得出了什么结论？查阅资料后，你又有什么样的想法呢？

根据这些问题，把实验写清楚，即把看到的、听到的、想到的都写清楚，同时注意还原体验现场，写清楚你的心理活动。写完之后，读给爸爸妈妈听一听，看看哪里不通顺还可以改一改。

2. 说一说：将这个拨动钢尺小实验的过程介绍给别人，和朋友一起试一试。

【项目作业三】梳理与探究

图片中是张馨逸小朋友用卡纸制作的简易小排箫，你清楚其中的发声原理吗？如果用不一样的材质制作小排箫，音质会发生变化吗？大胆尝试一下吧！

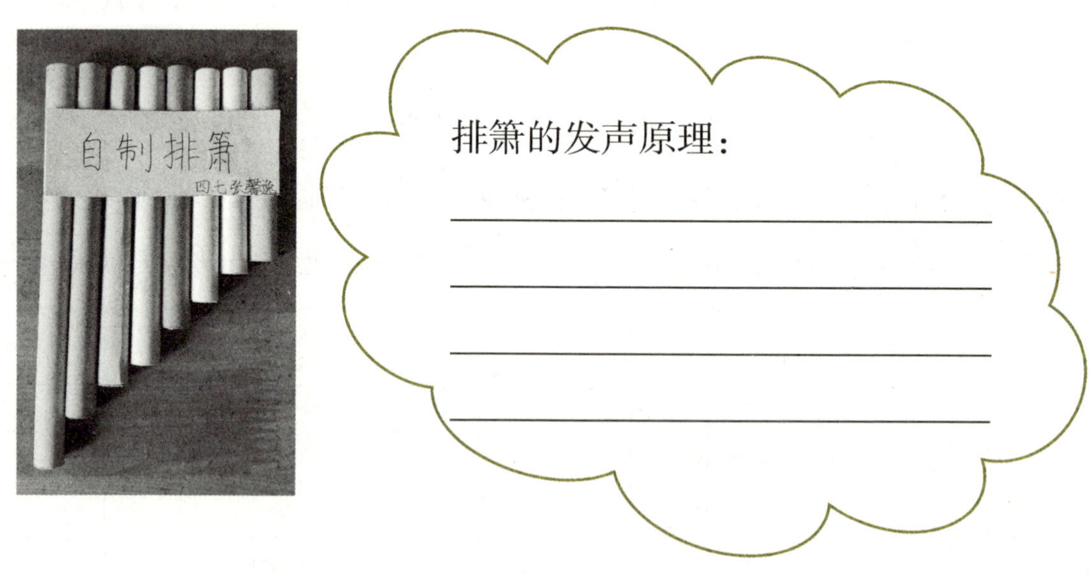

（我的小排箫）

我用________来制作小排箫，我发现________________。

字词补给站

积累下面与“声音高低强弱”有关的成语。

惊天动地　铿锵有力　锣鼓喧天　人声鼎沸

震耳欲聋　响彻云霄　悄无声息　万籁俱寂

鸦雀无声　低声细语　如泣如诉　窃窃私语

★实验大揭秘★

声音高低强弱变化的原理：音调的高低与物体振动的频率有关，振动的频率越快，音调越高；声音的响度与物体振动的幅度有关，振动的幅度越大，响度越大。

“声”动有趣的生活

同学们，我们已经知道是物体振动产生声音，接着空气会将声音传送到我们的耳朵里。那么，水能传声吗？真空能传声吗？固体能传声吗？快来做做小实验，一探究竟吧！

活动过程

活动项目：声音的传播

活动场所：室内

活动时长：20 分钟

实验准备：音乐贺卡 1 张、透明食品袋 1 个、棉线 1 根（1 米长）、水盆 1 个、食物储存玻璃瓶 1 个（瓶盖需要有垫胶）、一次性塑料杯 2 个

实验过程：

第一步：取下音乐贺卡上的音乐芯片，去掉开关处的插片使音乐响起来。

第二步：将棉线穿过两个一次性塑料杯的杯底并打结固定，做成一个“土话筒”。将音乐芯片放到其中一个杯中，用手闭合杯口，绷直棉绳，从另一端听声音。

第三步：将塑料盆盛满水，将装有音乐芯片的塑料袋浸没水中。（注意：将音乐芯片放入塑料袋中后，口袋须扎紧，且不与盆底和盆边接触。）

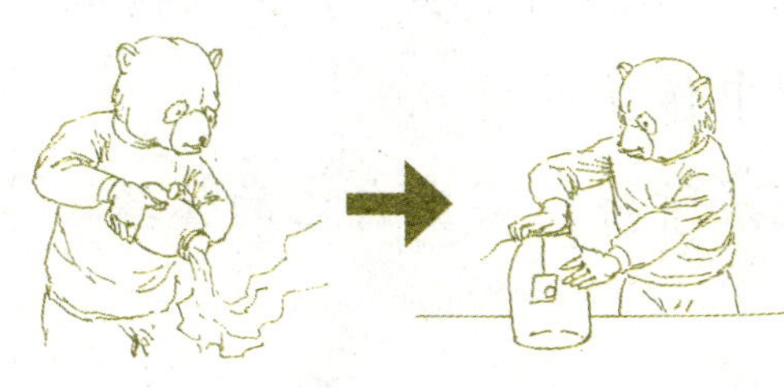

第四步：往玻璃瓶中倒入半瓶刚烧开的水，摇晃数次使瓶体变热后将水倒掉；迅速将用棉线拴好的音乐芯片放入瓶中，拧紧瓶盖。（注意：操作时，注意自我保护。另外，棉线要留出一段在瓶外，芯片不能与瓶体接触。）

活动流程：

了解实验步骤，准备实验器材，和父母商量实验分工。

与父母配合完成实验的每个步骤，并记录声音的大小。

参照自己的实验记录，比较声音通过不同介质传播的情况。

查一查资料，验证自己的推断，了解声音的传播速度与介质的关系。

学习目标：

1. 能参与声音传播的实验并观察声音在不同介质中传播的情况。

2. 能总结并验证声音在不同介质中传播的特点。

3. 能使用书面语和口头语表达观察所得，写出自己的体验。

学习项目：

【项目作业一】阅读与鉴赏

我们不仅学会了在实验中进行观察，还体会了动手实践给我们带来的快乐。阅读下面的两篇材料，继续咱们的声音传播探究之旅吧！

【材料一】

声音的“朋友圈”

文 / 悠然

同学们，提到“朋友圈”，你们一定不陌生吧？不论是社交平台上的“朋友圈”，还是生活中的“闺蜜”“哥们”“死党”，每个人都有自己的朋友圈。其实，连“声音”也有自己的朋友圈呢！

“声音”的朋友圈相当庞大，所有能为“声音”提供传播助力的物质都能入圈。“声音”的这些朋友来自“气体”“液体”“固体”三大物质家族。

点开“声音”的朋友圈，“空气”稳坐头把交椅，“水”

也赫然在列。咦？怎么没看到“固体”呢？别急，瞧——“软木”“铜”“铅”“铁”“大理石”这五个头像正在不停地闪烁。没错，它们五位可都来自“固体”家族！

所有的物质入圈后，就会获得另一重身份——“介质”，即帮助声音传播的物质。每种“介质”对“声音”传播速度的助力也有快慢之分，每秒传播多少米（m/s）是比较快慢的单位，数值越大，传播越快。“声音”为我们提供了几种“介质”的传播速度，来看看吧！

介质	空气（15℃）	空气（25℃）	软木	蒸馏水（25℃）	海水（25℃）	铜（棒）	铁（棒）	大理石
传播速度	340m/s	346m/s	346m/s	1324m/s	1497m/s	1531m/s	5200m/s	3750m/s

研读上表，你能选出“声音”传播的最佳助力者吗？它来自哪种物质家族呢？有几种“介质”很特别，你发现了吗？

也许，你还有很多心得，也有很多疑惑。科学探索永无止境，欢迎你写信给“声音”，诉说你的思考。

【材料二】

《科学直播间》之声音的反射

文 / 予昊

主持人：大家好，欢迎收看《科学直播间》，我是主持人壮壮老师。

（画外音）说到蝙蝠，大家会立刻想到什么呢？一定是那神奇的超声波吧！无独有偶，海洋中可爱的海豚也能用超声波来判断障碍物的位置呢！这种生存技巧正是借助了声音的反射原理。没错，今天的《科学直播间》将带小朋友们了解声音反射的小知识。

主持人：今天做客我们《科学直播间》的，是来自日本的聪明机灵的一休师父，掌声有请！

一休哥：中国的小朋友们好，我来自日本安国寺，我叫一休。

主持人：一休师父，您好！今天邀请您来，是为咱们直播间的听众朋友们答疑解惑的！

一休哥：有什么问题，请尽管说，我非常乐意为大家解答。

乐乐：一休师父，您好，我叫乐乐。我留意到这样一个现象——当我们向远处喊话时，会习惯地将双手在嘴边围成喇叭状。据说，这样能让声音变大。请问，这种说法有科学依据吗？

一休哥：好的，不要着急，你且休息一会儿，让我想想。

语罢，一休小和尚盘腿坐好，两手握拳，用两只食指在头上画了三个圈，最后双手握成圈置于胸前。两三秒钟之后，他睁开双眼，笑盈盈地开始答复——

一休哥：乐乐，你好。你描述的这种做法的确能让声音变大。其实，这是利用声音的反射来集中声音向前传播。发出的声音与你的手掌反射后，传播方向相对集中，因此声音便增强了，也可以传得更远。另外，音乐厅或是礼堂的上方或后方，常安装反射面，使声音能较完整地传播到听众席上。

乐乐鞠躬表示感谢，淘气拿起话筒，准备提问。

淘气：一休师父，您好，我叫淘气。听您刚才的解释，我不由得想到了山谷回音和故宫里的天坛回音壁，回音的产生应该也借助了声音反射的原理吧？

一休哥：是的，淘气，你说得一点也没错哟！利用声音反射原理，不仅能让声音汇聚后变大，能让声音反复出现，还能让声音消失呢！为了不让表演大厅中产生回音，大厅的墙壁上总有针状类似蜂窝的小孔，当声音进入这些小孔后，反射在狭窄的小孔内进行，最终消失，这就是神奇的消音墙壁。

淘气咧开嘴，冲一休哥点赞、比心。听众席上一片掌声。

主持人：哇，我们的生活果然“声”动有趣啊！感谢知识渊博、热心助人的一休师父，感谢您的精彩分享。科学直播间，开心长知识，咱们下期见！

分析与理解

1. 获取信息：认真阅读材料二，文中哪些生活现象体现了“声音反射”的原理，请用波浪线画出 2~3 处。

2. 形成解释：你能解答材料一第五自然段留下的问题吗？

____

3. 创意运用：你能在下图中用小箭头标出声音在喇叭内部的传播路径吗？

★阅读推荐★

《十万个为什么：声音的秘密》（《指尖上的探索》编委会 / 编）

【项目作业二】表达与交流

1. 做实验，动手参与，仔细观察，将实验的过程写清楚。

你可以这样来记录：

◎实验前：今天做什么实验？为了做这个实验，你做了哪些准备工作呢？用一两句话说清楚即可。

◎实验中：调动你的耳朵，认真倾听，并及时记录感受；用表示顺序的词语写清楚整个过程，重点描写你印象最深的那个步骤（你遇到困难了吗？当时有什么想法？怎么解决困难的？成功后的心情如何？）。

◎实验后：如果让你按照能听到的声音的高低为标准，为四种不同的传播环境做满意度测评，你的评分是什么？这组实验的原理是什么？

根据这些问题，试着写一写实验的过程、自己当时的发现和感受。写完之后，读给爸爸妈妈听一听，看看哪里不通顺还可以改一改。

2. 说一说：将有趣的实验过程介绍给别人，和朋友一起试一试。

【项目作业三】梳理与探究

我们生活在一个声音的环境中，通过声音进行交流。但是有些声音是我们的生活中不需要的，这样的声音被称为噪声。从声音传播的角度判断，一切无规律传播的声音都算噪声；从心理感觉的角度来看，一切干扰我们生活的声音也算噪声。

请你观察学校周围的环境，看看是否存在噪音源。若是存在，请在调查后列出相关现象，去社区街道办事处寻求帮助；若是不存在，可以给社区街道办事处写一封表扬信，为他们的管理点赞。

字词补给站

阅读推荐的科普课外书，积累下面与“声音”有关的短语。

叮咚作响的流水声　滴滴答答的水滴声

呜呜作响的鸣笛声　震撼人心的交响乐

★实验大揭秘★

同学们，之前的学习让我们明白，物体振动就可发出声音，因此，所有的物质都能传播声音，这些物质都叫作“介质”。当然，传播速度也有快慢之分，一般情况下，固体 > 液体 > 气体。敲敲小黑板，真空环境是无法传播声音的哟！

看我变！变！变！

你知道吗？一些小动物的习性和样子，会随着成长发生巨大的变化，我们称之为“变态发育”。我们学过的那篇《小蝌蚪找妈妈》还记忆犹新吧，今天，让我们开启养蚕的征途，感受一下蚕宝宝“变形”吧！

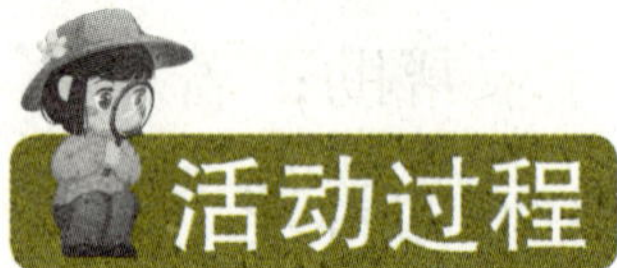

活动过程

活动项目：养蚕日记

活动场所：室内

活动时长：每天 10 分钟，为期 45 天

实验准备：养蚕盒（包括蚁蚕、白纸、桑叶、清水、毛笔）、观察记录表、日记本

实验过程：

第一步：准备干燥的纸盒，在盒盖上扎几个小洞，铺上白纸，放上桑叶，用毛笔小心地将蚁蚕扫到盒中桑叶上。

第二步：每天清除粪便、换桑叶，观察、记录蚕宝宝的成长情况。

活动流程：

选择春天的某一个时间段，准备养蚕盒，确定观察内容和记录形式。

选择一个时间，尝试认真观察盒中的蚕并做好记录。

将自己养蚕的心得与父母交流、与同学分享。

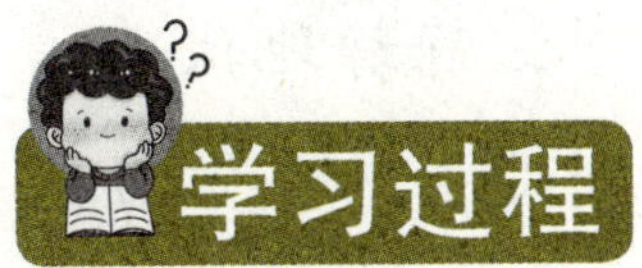

学习过程

学习目标：

1. 能耐心细致地养蚕，能连续观察并清楚地记录蚕的成长变化。
2. 能了解蚕宝宝成长过程中的基本阶段与每个阶段的基本特点。
3. 能使用书面语和口头语清楚地描述自己某一次的观察记录。

学习项目：

【项目作业一】阅读与鉴赏

观察蚕宝宝可是个细致活，写成文章更要下一番功夫。我们先来看看，作家陶秉珍（陶秉珍：浙江萧山人。早年就读于日本东京帝国大学农学部实科，曾任浙江大学农学院教授。著有《植物漫话》《昆虫漫话》《植物的生活》《五谷》等书）爷爷是怎么写他心爱的昆虫的吧！

【材料一】

蟋蟀的产卵和孵化

文 / 陶秉珍

要看蟋蟀产卵，不必怎样大规模地准备，只需有点忍耐心就行了。六七月里，捉一只雌蟋蟀，放在底上铺着一层泥土的花盆里，再用玻璃或铜丝网罩着，防它逃走，而且要常常换鲜菜叶，不要使它挨饿。这样布置停当后，如你还肯热心地一次一次访问，那一定能够给你一个满足的报酬。

雌蟋蟀产卵时，将产卵管垂直地插入泥土中，静静地伏着，过了好多时，拔出产卵管，休息一会儿，再到别处去，在它势力范围内的全面积上，一次一次地反复着。大约经过24小时，产卵工作方才完毕。

我们如果拨开花盆中的泥土，便能看到呈两端圆的圆筒形，长约两毫米，稻草似黄色的卵，各个孤立，垂直地并列在土中。凡是两厘米深的地方，便能寻得。一只雌蟋蟀大约要产五六百枚卵。卵数这般多，大概在短期间内，还要经过残酷的淘汰。

卵在产后的第十五六天，两点圆圆的带赭色黑眼在前端隐隐地看得出了，这说明，蟋蟀要孵化了。这时，这两个黑点的稍上方，就是圆筒的顶点，有一个小小的圆圈痕显现，这就是破裂线。不久，卵透明了，连幼虫的环节都看得出。后来，卵顶被这蛰居者的额一顶，就沿着破裂线分离，抬起，挂在一边，恰像小坛的盖子。

小蟋蟀就从这魔术箱里出来了。

【材料二】

从蝻到蝗（节选）

文 / 陶秉珍

蝗虫的幼虫，有一个特别的名字，叫作蝻。

蝻完成了最后一次的蜕皮，就成了蝗虫。假使你有忍耐心，你便能看到从蝻变蝗的经过：

当它用爪仰向地挂在某物上，前肢缩在胸口，三角形的小翅尖端向左右张开，中央露出两片狭狭的薄板。这就是到处保持安定的脱皮姿势。

最先，不能不把旧衣撕破。前胸甲的背面，隆起纵纹的下面，能看到一胀一缩的鼓动。脖子的前方，也有同样运动。大概要破裂的甲壳下面，全都有这等运动，不过只有透明的接合处，能让我们看到。

蝻所蓄积着的血液，齐向这中央部涌来。外皮尽可能地伸张、伸张，沿着预先准备着的、最薄弱的一线，撕裂开。留下的外皮，除这一线外，不论哪部分，绝不会有其他裂痕。裂口渐渐伸长，后方直到翅根，前方达到头部，达到触角，不久，渐渐膨起，背脊终究完全脱出。

接着，头部也拉出了。那“面具”照旧留在原处，丝毫不改变：两只已经什么也不看的玻璃眼睛；实在奇妙得很，原先是触角，如今成了空心的筒，并无皱纹，丝毫不乱，保着自然的位置，从这死而透明的面上垂着。

分析与理解

1. 获取信息：材料一中，主要从 ______ 和 ______ 两方面介绍蟋蟀的。其中第（　　）段详细介绍了蟋蟀从卵中孵化的过程。

2. 形成解释：材料二中关于蛹的蜕皮，作者写了四个阶段，分别是（保持蜕皮姿势）—（　　　　　　）旧衣—（　　　　　　）背脊—（　　　　　　）。

3. 评价鉴赏：阅读材料二，画出表达细致的部分，边读边想象，将自己的感受批注在文旁。

4. 创意运用：根据材料，想象蟋蟀或者蝗虫活动时都会想些什么，选择其中一个过程，与爸爸妈妈交流，录一段昆虫自白小视频。

★阅读推荐★

《昆虫物语》（［比］莫里斯·梅特林克／著　黄瑾瑜／译）

【项目作业二】表达与交流

1. 陶秉珍爷爷把昆虫的变化写得如此生动，我们也可以试着写一写蚕宝宝的生长变化过程哟！我们可以在仔细地观察某一天蚕宝宝的成长情况后，做好观察记录，并将观察到的内容写清楚。

◎观察时，可以从蚕的体长、样子、活动、吃食情况等方面着手。

记录体长时，可以把蚕放在方格纸上，在头部和尾部的地方画上记号，连接两点，测得长度。

记录蚕的样子时，可以拿手摸一摸，写下那一刻的感受；用眼睛看一看颜色；观察有哪些容易忽略的细节，可以和爸爸妈妈比一比，看谁找得多，一起用文字记录下来。

记录蚕的蜕皮、吃食等活动时，可以拿手机录像，和爸爸妈妈一起分析视频，并记录下来。

◎记录时，除了自己观察到的内容，还可以加上自己有趣的想法和感受，如果可以，把自己想象成蚕，写一写蚕的心理活动。

可以借助表格，也可以用图文结合的形式，把观察到的内容记录下来。（从下方两种形式中任选一个记录）写完之后，读给爸爸妈妈听一听，看看哪里不通顺的地方改一改。

形式一：

观察对象	时间	体长	颜色	形态	活动情况
蚕					

形式二：

月　　日									
(贴上蚕宝宝的美照)									
蚕宝宝的日记									

续表

2. 说一说：将养蚕过程中有趣的发现介绍给别人，注意把自己印象最深的地方说清楚，可以先让爸爸妈妈当当评委。

【项目作业三】梳理与探究

1. 在养蚕的过程中，持续细致地观察蚕宝宝的成长情况，试着提出一些有趣的问题，让观察更细致，思考更深入。

2. 当把蚕的一生都了解清楚后，用美术工具（彩铅、马克笔、胶泥、彩纸等）模拟蚕宝宝的成长过程吧！

字词补给站

积累下面和“昆虫”有关的成语。

彩蝶纷飞　蝶舞蜂喧　蜂来蝶往　蜻蜓点水

萤火如灯　秋虫哀鸣　秋虫聒噪　噤若寒蝉

金蝉脱壳　螳臂当车　飞蛾扑火　蜂拥而至

哇！有电！

手机、电视、电灯、电冰箱，你一定不陌生吧？它们要正常工作，都需要“电”，来自发电厂的电。如果告诉你，我们生活中处处都有电，我们自己也能“发电”，你相信吗？来吧，让我们一起来寻找身边的电。

活动过程

活动项目：易拉罐火花

活动场所：室内

活动时长：15 分钟

实验准备：易拉罐、吸管、保鲜膜、胶带

实验过程：

第一步：在易拉罐顶端用胶带粘上一根吸管，作为把手，以免手直接接触易拉罐。

第二步：在易拉罐上包一圈保鲜膜，然后拿起吸管让易拉罐悬空，揭掉保鲜膜。（注意：揭保鲜膜时手不要碰到易拉罐！）

第三步：这时，用一根手指接近易拉罐，你发现，________________________。

活动流程：

仔细观察父母做实验，关注易拉罐的变化。

尝试触摸去掉保鲜膜的易拉罐，关注手指的触感。

查一查资料，想想“易拉罐火花”的原理是什么。

学习过程

学习目标：

1. 能参与“易拉罐火花”的实验并观察操作过程。
2. 能写清楚制作的步骤和发现的道理。
3. 能使用书面语和口头语表达观察所得。

学习项目：

【项目作业一】阅读与鉴赏

刚才的实验已经让你和“静电”有了亲密接触，接着阅读下面的材料，继续了解我们身边的电！

【材料一】

古人眼中的电

文 / 悠然

1889 年 1 月 30 日，慈禧太后常住的西苑亮起了中国的第一盏电灯。中国人的用电史由此展开。然而，若是你就此断定咱们的祖辈没有涉足“电”的研究，那你可就大错特错啦！他们研究的是自然之电，比如雷电现象与静电现象。

瞧，上面三个字都是“电”！从左到右分别是甲骨文、金文与小篆。

我们的祖先发现，“大雨震电”，下雨时天幕上会出现向四处裂开伸展的无规则的闪光。于是，甲骨文与金文两种字体的“电”就有了形似霹雳的闪电符号。

第三个小篆体的“电”源自东汉文学家许慎编写的《说文解字》。书中是这样解释的：“电，阴阳激耀也，从雨从申。”意思就是说，“电”是天空中阴阳能量碰撞后爆发的耀眼光带。可以看到，此时的“电”已经没有了霹雳标识，取而代之的是“申”。你知道吗，“申”在古代就是“神”，下雨时，神仙开始施法，降下闪电。哈哈，简简单单的“电”字，包含了人类对大自然的敬畏之心呢！

“今人梳头、脱着衣时，有随梳、解结有光者，亦有咤声。”

亲爱的小朋友，上面这句话选自西晋时期张华编撰的志怪小说集《博物志》。这套书是继《山海经》后的又一部包罗万象的奇书。

这段引文是张华对“静电”现象的描述。聪明的小朋友，你能联系之前的“静电”实验，用自己的话描述引文的大意吗？

____

【材料二】

生活在电的包围之中

文 / 俞祖元

自然界里到处有电，甚至我们的身体里也有电。

天上的闪电是大气层里有电的表现。地球上每天大约要发生800万次闪电，每秒钟100多次。我们看见闪电以后，过一会儿，就会听到震耳欲聋的雷声。雷就是闪电发出的声音。

大气层的高层也有电。在离地面50千米到1000千米的高空，就有一条由带电粒子组成的辐射带，人们叫它电离层。

电离层有一个奇怪的特性：除了某些特定波长（如1厘米到10米长）的电波可以穿过它以外，其余波长的电波碰到它，就像光碰到镜子一样被反射回去。我们能收到远地短波电台的广播，就是靠了电离层的反射。不用说，电离层里也有电。

其实，不光是地球的周围，整个宇宙里也充满了电。浩渺无垠的宇宙，有着无数的星体。很多很多的星体都在辐射无线电波。利用无线电接收机，我们可以听到宇宙电波的嘈杂声。这说明，我们的地球处在电的包围之中。

至于地球本身和地球上的一切，也都含有电。地球上有各种各样的物质，一切物质都是由原子组成的，每种原子里都有着一定数目的电子。因此，从这个意义上来说，没有电就没有物质，也就不存在这个世界。

我们的身体是物质，因为我们的身体里也有电。1875年，英国人卡顿发现了脑电波的存在。科学家们通过进一步的研究，又证明了心有心电，肌肉里也有电在流动。

在广大生物界里，也有许多奇妙的电现象。有些鱼，例如电鲇和电鳗，身体贮存着大量的电，当它遇见敌害的时候，可以一下子放射出来把对方电晕。

分析与理解

1. 获取信息：为什么说地球本身和地球上的一切都含有电？你能用波浪线在材料二中画出相关的句子吗？

2. 形成解释：你能完成材料一留给你的任务吗？请在文中补充自己的理解。

3. 创意运用：准备一个纸杯和一个吹好的气球。在纸杯中装入适量的水，用针在杯底扎一个小小的孔，让杯中的水可以从小孔中流出。最后，将吹好的气球在头发上摩擦几下，然后慢慢靠近水流，你猜，会发生什么奇特的现象？试试看，你的猜测是否正确。你能用“静电”原理解释这一现象吗？（可将实验照片贴在下面的方框内）

★阅读推荐★

《什么是什么：改变世界的电》（［德］劳拉·黑恩曼／著　林碧清／译）

【项目作业二】表达与交流

1. 做实验，动手参与，仔细观察，将制作的过程写清楚。

你可以这样来记录：

◎制作前：今天要用什么材料？你对实验结果的预设是什么？

◎制作中：爸爸妈妈或者你是怎么做的？爸爸妈妈做实验时，你观察到了什么？自己做实验时，视觉和触觉等方面的发现是什么？你能尝试解释清楚原因吗？

◎制作后：印象最深的是什么？你有什么发现和思考？

根据这些问题，试着写一写制作的过程，还可以写一写自己当时的发现和感受。写完之后，读给爸爸妈妈听一听，看看哪里不通顺还可以改一改。

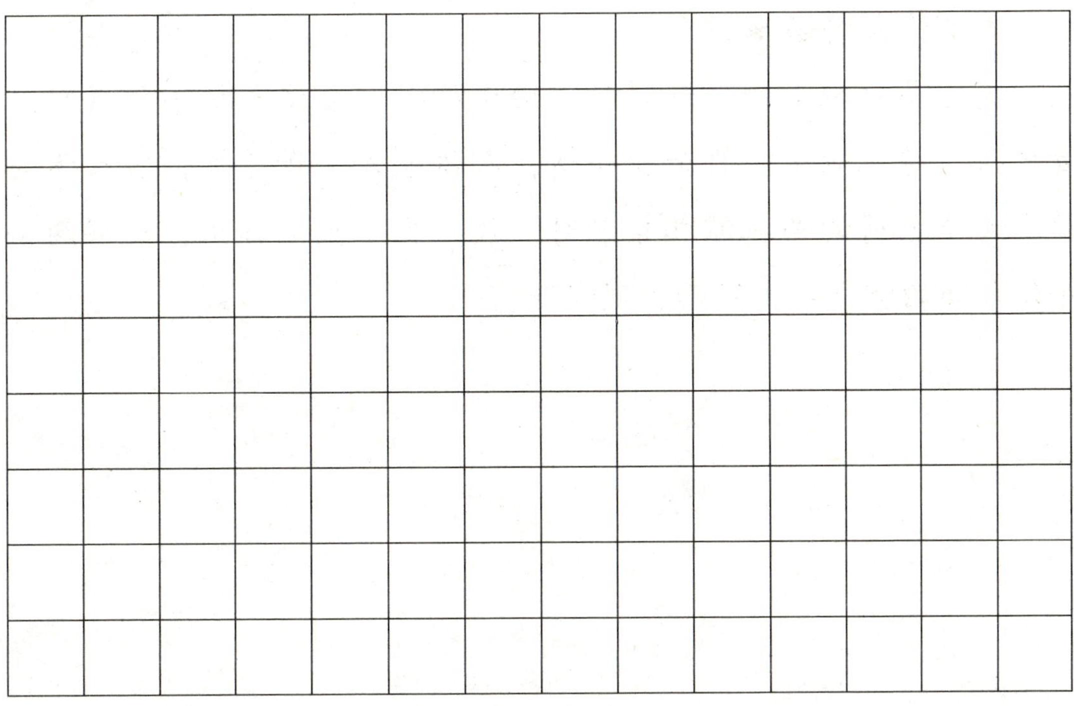

2. 说一说：将实验的过程介绍给别人，和朋友一起试一试。

【项目作业三】梳理与探究

1. 统计一下学校和家里的电器设备，并与伙伴分享统计结果。

2. 地球上处处都有电，每种电都可以应用到我们的生活中吗？我们的生活用电是怎么来的？

字词补给站

积累下面与“电”有关的成语。

电闪雷鸣	逐电追风	电流星散	光阴如电
电光朝露	紫电清霜	飙举电至	疾如雷电
雷轰电转	潮鸣电掣	电光石火	目光如电

★实验大揭秘★

揭下易拉罐上的保鲜膜时，由于摩擦，会使易拉罐积累起大量电荷。易拉罐是一种金属导体，人体也是一种导体，当人体与带有大量电荷的易拉罐相接触时，就产生了放电作用，使得两个导体之间的空气被击穿而出现火花。

点亮小灯泡

很久以前，人类就开始了对电的探索。1879 年，爱迪生点亮了世界上第一盏电灯。此后，各种不同用途的电器相继问世。为什么电能让电器工作？来，做个小实验，探索其中的道理吧！

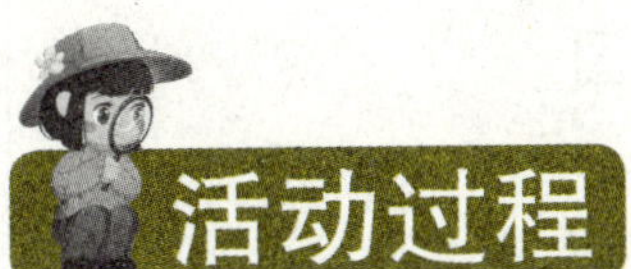

活动项目：点亮小灯泡

活动场所：室内

活动时长：20 分钟

实验准备：1 号电池 1 个、小灯泡 1 个、导线 2 根

实验过程：

第一步：用一根导线将电池的正极（+）和小灯泡底部的锡点相连。

第二步：再用另一根导线将电池的负极（−）和小灯泡的金属壳相连。

活动流程：

动手做一做小实验，让小灯泡亮起来。

查一查资料，想一想：小灯泡为什么会亮起来？

画一画小灯泡工作原理电路示意图。

学习过程

学习目标：

1. 能动手参与“点亮小灯泡”的实验，观察实验过程。
2. 能知道常见电器的工作需要一个完整的闭合电路。
3. 能使用书面语和口头语表达实验中的观察所得。

学习项目：

【项目作业一】阅读与鉴赏

你已经知道了吧，原来，要让小灯泡亮起来，需要一个闭合电路。接下来，阅读下面两篇和“电路”有关的材料，继续长知识！

【材料一】

放电的鱼——电鳗

科学家们的研究统计表明，世界上会放电的鱼有十多种，其中电力最足的当属“电鳗”，人送雅号“淡水中的高压线”！

电鳗是一种南美鱼类，游起来比80岁的老太太走路都慢。它喜欢待在流动缓慢的淡水中，时常浮出水面，呼吸氧气。它身长2米左右，像一个圆柱形，没有鳞片，全身光滑。背部黑色，腹部橙黄色，没有背鳍和腹鳍，臀鳍特别长，这可是它游泳的利器。

电鳗的体内有许多像小型叠层电池那样的细胞，当电鳗放电时，这些细胞就会串联起来，如许多小电池串联起来组成一个大电池一样。这时电鳗的头部成为正极，尾部成为负极，头和尾之间产生了很高的电压，巨大的电流就形成了。

电鳗发出的电压在300伏～800伏之间，可以轻松地击晕大型动物，如河马和水牛等，因此它把放电作为猎取食物的工具。但是，电鳗放电后需要一段时间才能恢复原来的电力，聪明的南美土著居民便利用它的这一特点，先把牛马赶到河里，让电鳗放电，待电鳗失去了保护自己的利器后，只能“束手就擒”，成为土著居民的盘中餐啦！

【材料二】

爱迪生的重大发明

1878年9月，爱迪生向电力照明这个堡垒发动了进攻。

爱迪生从试验白热灯入手。这种灯的原理是，把一小截耐热的材料装在玻璃泡内，接上电源，当它烧到白热化的程度时，玻璃泡便由热而发光。

根据这个原理，首先就要找到一种合适的耐热材料。爱迪生把自己所能想到的耐热材料全部写了出来，共1600多种。备齐这1000多种材料后，他又分门别类地进行试验，但由于玻璃泡内无法达到绝对真空的程度，所以试来试去总是达不到理想的效果。

直到真空阀发明后，白金线这种在真空中耐高温的材质被爱迪生锁定，他于1879年4月成功研制了使用白金线的25瓦真空灯泡。这项成果获得专利。

可是，白金价格昂贵，这种灯泡制作成本高昂，不利于普及。受到其他科学家的启发，爱迪生决定从植物纤维这方面去寻找新的材料，开始了新一轮的海量的筛选尝试。从棉纱到毛发再到竹子，爱迪生一次次地将找到的材料烤成碳丝。当碳化的竹丝放入灯泡，接通电源后，居然足足亮了1200个小时！竹丝灯泡价廉物美、经久耐用，进入了寻常百姓家。然而，爱迪生并没有停下研究的脚步。多年后，钨丝灯泡诞生了，并一直沿用到今天。

爱迪生的这项发明，让人类拥有了一种能持续发光的电源，改变了人们的生活和工作方式，震惊了全世界。

分析与理解

1. 获取信息：阅读材料一电鳗放电主要是靠____________，当它放电时，头部成为__________，尾部成为________，头和尾之间产生了__________，__________就形成了。

2. 形成解释：材料二中提到了“白热灯”，这种灯发光的原

理是＿＿＿＿＿＿＿＿＿＿＿＿＿＿＿＿＿＿＿＿＿＿＿＿＿＿＿＿＿＿

＿＿＿＿＿＿＿＿＿＿＿＿＿＿＿＿＿＿＿＿＿＿＿＿＿＿＿＿＿＿＿＿。

3. 创意运用：如果你是材料二中的那个“碳丝灯泡”，回忆你诞生的过程，你会对爱迪生说些什么呢？

★阅读推荐★

《灯的故事》（［苏联］伊林 / 著　董纯才 / 译）

【项目作业二】表达与交流

1. 在仔细地观察，动手做一做小灯泡发亮的实验后写一写，将实验的过程写清楚。

你可以这样来记录：

◎实验前，你做了什么准备？

◎实验中，你是怎么做的？实验过程中遇到了哪些困难？你是如何解决的？

◎实验后，你明白的电路工作原理是什么呢？你有什么想法和感受？

根据这些问题，把实验写清楚，还可以写一写自己当时的心情。写完之后，读给爸爸妈妈听一听，看看哪里不通顺还可以改一改。

2. 说一说：将点亮小灯泡的实验展示给同学，分享你学到的科学知识。

【项目作业三】梳理与探究

1. 把小灯泡换成其他电器（小电铃、小电机），试一试效果。

2. 观察手电筒的结构，说一说：它由几部分组成？各部分是如何连接的？画一画你的观察结果。

3. 像图中这样，用回形针做个简单开关连接到电路中，控制小灯泡的亮和灭，动手试一试吧。

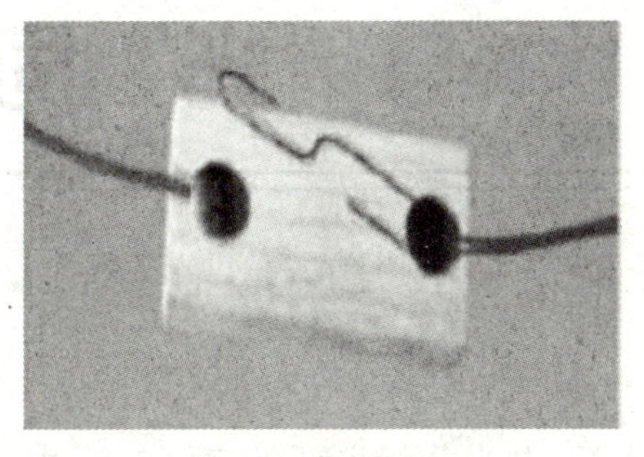

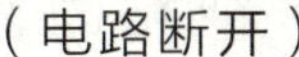

（电路断开）

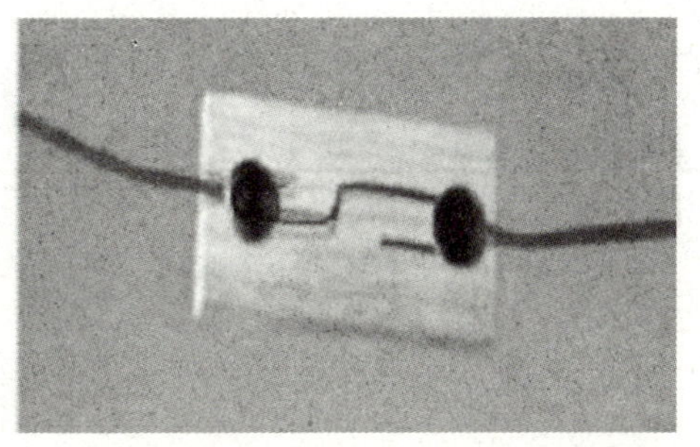

（电路连接）

字词补给站

快来积累这些和“灯光”有关的成语吧！

华灯初上　灯火辉煌　斑驳陆离　万家灯火　灯红酒绿

亮如白昼　灯火璀璨　张灯结彩　火树银花　璨若星河

★实验大揭秘★

这个实验中，电流经由导线从电池的正极流出，从小灯泡的底部连接点流入，经过灯丝再从金属壳这个连接点流出，经由另一根导线回到电池的负极，最后由负极流向正极。电池、导线、小灯泡形成了一条完整的回路，小灯泡就被点亮了。

与“光”同行

“太阳太阳，给我们带来七色光彩。”阳光普照大地，为何只有彩虹拥有了七色光彩，而其他事物只得一二色彩呢？让我们通过一个小实验，揭开“光”神秘的面纱，走进奇妙的科学世界吧！

活动过程

活动项目：玻璃试管“消失了”

活动场所：室内

活动时长：10 分钟

实验准备：一个透明玻璃碗（杯）、一支小号玻璃试管、一壶清水

实验过程：

第一步：将空的玻璃试管放入空的玻璃碗中。

第二步：为玻璃碗内倒入大半碗清水，放入空的玻璃试管。

第三步：取出玻璃试管，加入半管清水（试管中的水面高度要高于玻璃碗中的水面高度），再次放入玻璃碗中。

活动流程：

仔细观察家长做实验，看一看玻璃试管是在什么情况下“消失”的。

自己做一做，想一想：玻璃试管为什么会“消失”？哪些因素会影响实验效果呢？

查一查资料，了解这种神奇现象产生的原因。

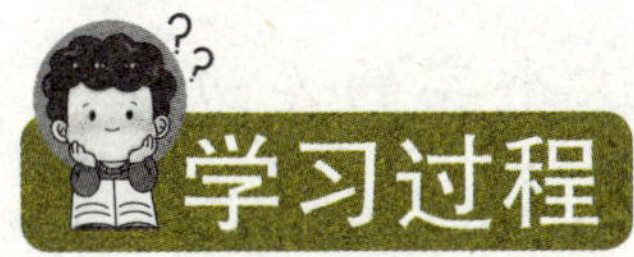

学习过程

学习目标：

1. 能参与实验操作并观察玻璃试管“消失”的过程。
2. 能查证“玻璃试管‘消失了’”这个实验中的科学道理。
3. 能使用书面语和口头语表达实验过程中的观察所得。

学习项目：

【项目作业一】阅读与鉴赏

你已经知道了吧，这种神秘的力量就是光的反射。接下来，阅读下面三篇小材料，去看看古人对光反射的探究吧！

【材料一】

日兆月，月光乃生，成明月。

小朋友，这句话你一定能看懂！它描述了这样一个光反射现象：月球本身是不发光的，它只是反射太阳的光芒。这句话出自我国古代战国时期的《周髀算经》一书，和它同一时期的《墨经》一书中还记载了相关的光反射实验呢！没错，对人类而言，能见到的最大规模的光反射莫过于夜空中那一抹皎洁的月色了。

【材料二】

小朋友，左图是“鉴”字的甲骨文。瞧，这个字的左边像不像一个跪着的人呢？这个人正俯首，通过盛水的器皿照自己的脸呢！《考工记》这本古书中说：“鉴亦镜也。”用静止的水面作为光的反射面，当作镜子使用，“鉴”字就是古人利用反射原理改善生活的最好证明。后来，随着冶炼工艺的进步，就有了以金属作反射面的铜镜。看，右图是“鉴”字的小篆体，左上方是不是多了个“金”呢？水镜、铜镜以及现在的玻璃镜，都是利用平面镜进行光反射哟！

【材料三】

阳燧①面洼②，向日照之，则光聚向内。离镜一二寸，光聚为一点，大如麻菽③，著物④则火发，此则腰鼓⑤最细处也。

——［宋］沈括《梦溪笔谈》（节选）

【注释】

①阳燧（suì）：一种凹面的铜镜，古人用它聚集阳光取火。

②洼：凹陷。

③麻菽（shū）：芝麻、豆子。

④著物：这里指将可燃的东西放到凹面镜的聚光点处。

⑤腰鼓：古代一种中间细、两端对称的鼓，这里用腰鼓的对称情况来比喻阳光在镜面上反射的情景。

【译文】

阳燧的表面是凹陷的，对准太阳照射时，光线都会集中于镜子中心。在离镜面一二寸的地方，光线集中成为一个点，芝麻粒那般大小。若是将可燃的东西放到聚光点处，就会燃烧起来。（阳光投射在镜面上，会发生反射。）反射的焦点处就如同腰鼓最细的地方。

分析与理解

1. 获取信息：光反射是一种极为普遍的现象。材料一、材料二和材料三都列举了哪些事物为我们介绍光的反射现象呢？

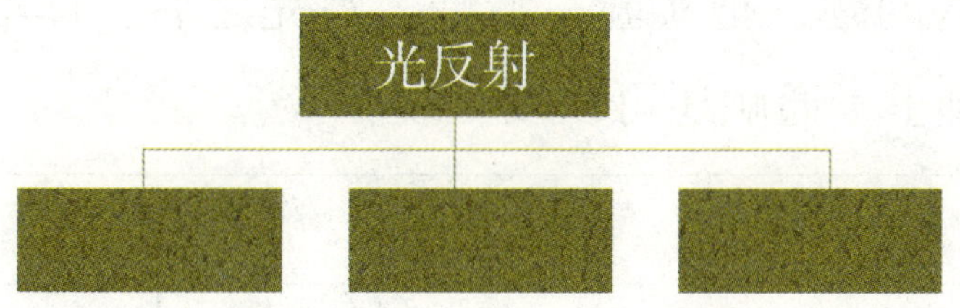

2. 形成解释：《旧唐书·魏徵传》中提到这样一句话：“以铜为鉴，可正衣冠；以古为鉴，可知兴替；以人为鉴，可明得失。”通过阅读材料二，你已经知道“鉴”就是__________的意思。这句话中的哪个“鉴”才能利用光反射呢？用波浪线画出来吧！

3. 创意运用：你知道为什么地下车库的出口处会放置一个凸面镜吗？（请用光反射的观点来解释）

★阅读推荐★

《科学普及读本：神奇的光的世界》（雅风斋 / 编著）

【项目作业二】表达与交流

1. 在完成“玻璃试管‘消失了’”的实验后写一写，将实验的过程写清楚。

你可以这样来记录：

◎实验前，你们做了什么准备？

◎实验中，你们是怎么做的？你印象最深的是哪一个步骤？你看到了什么？听到了什么？想到了什么呢？又或者，你的玻璃试管并没有如料想中的那般“消失”，你当时是心生疑问？是请教家长？是调整角度？还是……

◎实验后，你继续探究实验原理了吗？谈谈你的收获。

根据这些问题，把实验写清楚。写完之后，读给爸爸妈妈听一听，看看哪里不通顺还可以改一改。

2. 说一说：将有趣的实验过程介绍给别人，和朋友一起试一试。

【项目作业三】梳理与探究

1. 在了解了光的反射原理后，对于“事物为何只有一二色彩”这个问题，你有自己的猜测了吗？查阅资料，印证自己的猜想吧！

2. 利用光反射原理，我们可以利用一面镜子测量身高，你相信吗？

（温馨提示：你需要在靠墙处平放一面镜子，与镜子处于同一条直线上，在刚好能从镜中看到自己的头顶的位置站定。此时，镜中头顶处到脚后跟的距离就是你的身高。）

3. 处于水下航行状态的潜艇观察海平面和空中情况的唯一手段便是借助潜望镜。侦查员们将潜望镜从海面下伸出海面或从低洼坑道伸出地面，利用光的反射原理，窥探海面或地面上的情形。

（以下左图是潜水艇上的“潜望镜”示意图，右图是“潜望镜”中光的反射路径。）

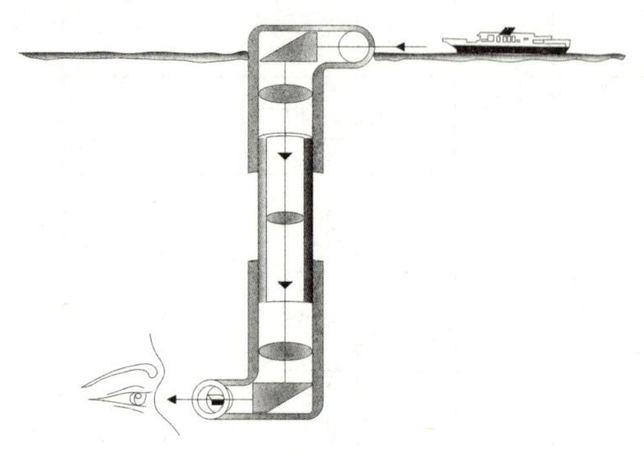

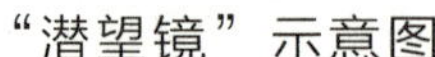

“潜望镜”示意图

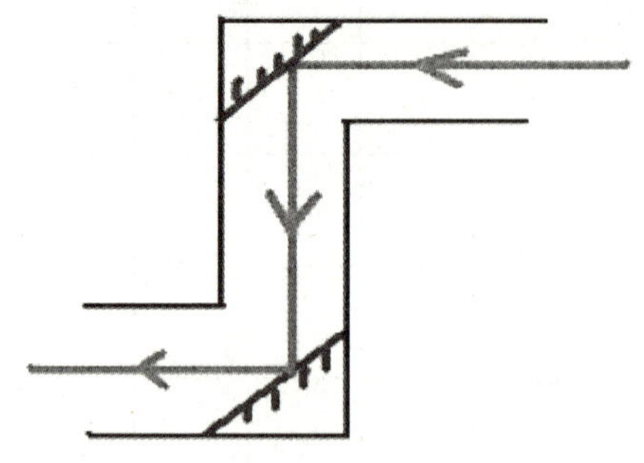

“潜望镜”中光的反射路径

看看原理图，准备两个牙膏盒和两个方形的小镜子，自己学着设计一个简易的“潜望镜”吧！

字词补给站

积累下面与“光反射”有关的成语和古诗。

半明半暗　　光芒四射　　海市蜃楼

浮光跃金　　光可鉴人　　波光粼粼

床前明月光，疑是地上霜。

——［唐］李白《静夜思》

一道残阳铺水中，半江瑟瑟半江红。

——［唐］白居易《暮江吟》

★实验大揭秘★

光在两种物质分界面上改变传播方向又返回原来物质中的现象，叫作光的反射。光遇到水面、玻璃以及其他许多物体的表面都会发生反射。不同的物质密度不同，光的反射率也不一样。往玻璃试管中加入水后再浸入盛有水的玻璃碗中，此时，光的反射率基本一致，水下的那截试管就仿佛“消失了”！

视觉实验室

你有没有这样的发现：晚上关灯后，眼前总会闪过亮光而后变黑。这是什么原因？动画片是小朋友们的最爱，画面是怎么动起来的呢？这两个问题的答案竟然都和我们的眼睛有关！今天让我们一起走进好玩的视觉实验室，在实验中解锁奥秘吧！

活动过程

活动项目：小鱼“游进”鱼缸啦

活动场所：室内

活动时长：15 分钟

实验准备：两张 15×15 厘米大小的正方形白纸、彩笔、胶棒、一根筷子

实验过程：

第一步：在一张白纸中央画一个大鱼缸，可进行简单装饰；另一张白纸的同样位置画两条小鱼。

第二步：将两个纸片画面朝外把筷子夹在中间，并用胶棒将两个纸片粘牢。

第三步：快速旋转筷子，观察实验现象。

活动流程：

和父母共同做实验，观察实验现象。

尝试改变纸片上的图案，试一试不一样的动画。

查一查资料：这个实验的原理是什么？

学习过程

学习目标：

1. 能参与“小鱼‘游进’鱼缸啦”这个实验并观察整个过程。
2. 能明白“小鱼‘游进’鱼缸啦”这个实验中蕴含的科学原理。
3. 能使用书面语和口头语表达观察所得，写出自己的体验。

学习项目：

【项目作业一】阅读与鉴赏

我们学会了在实验中进行观察，体会动手实践给我们带来的快乐，阅读下面的两篇材料，检验自己猜测的实验原理是否正确。

【材料一】

有关“视觉暂留”的故事

视觉暂留现象，最早是中国人发现的，走马灯便是历史记载中最早的视觉暂留运用。宋朝时已有走马灯，随后英国人才发明了留影盘。

留影盘是一个被绳子从两面穿过的圆盘。圆盘的一个面画了一只鸟，另一面画了一个空笼子。当圆盘旋转时，鸟在笼子里出现了。这是因为我们的眼睛在观察到卡片上的鸟的时候，光的信号传入大脑神经，需要一段短暂的时间。光的作用结束后，鸟的影像不会立即消失，这时卡片上另一面笼子的影像进入我们的眼中，两个影像发生重合，产生了鸟飞进笼子里的画面，这就是视觉暂留原理。

1872 年的一天，在美国加利福尼亚州的一家酒店里，有两个人为“马在奔跑时蹄子是否都着地”展开了一场激烈的论战。“马在奔跑跃起时始终有一只蹄子着地。”一个人说。“马在跃起的瞬间 4 只蹄子都是腾空的。”另一个人反驳道。两人争得面红耳赤，于是决定打赌。他们先到跑马场，想当场看个究竟，遗憾的是马奔跑的速度太快，根本无法看清马蹄是否着地。

英国摄影师麦布里治知道此事后，表示有办法解决。他在跑道的一边并列安置了 24 架照相机，镜头都对准跑道；在跑道的另一边，打了 24 个木桩，每根木桩上都系上一根细绳；这些细绳横穿跑道，分别系到对面每架相机的快门上。一切准备好了以后，麦布里治让马从跑道的一端奔跑过来。当马经过安置有照相机的路段时，依次把24根引线绊断，与此同时，24架照相机快门也就依次拍下了24张照片。从这条连贯的照片带上可以清楚地看出，马在奔跑时总有一只蹄子是着地的，于是持这一观点的人赢了这场赌。

之后，麦布里治偶然快速地抽动了那条照片带，结果照片中静止的马叠成了一匹运动的马，马竟然“活”起来了！这当然也是利用了人眼的视觉暂留效应啦！

【材料二】

走马灯

视觉暂留现象首先被中国人运用的例证，便是中国古代传统节日玩具——走马灯。有史书记载为证，走马灯最早见于汉代历史笔记小说集《西京杂记》一书中，那是秦朝宫中的“蟠螭灯”，是一款豪华版的走马灯。待到唐朝时，走马灯被称作“影灯”。元宵节这一天，百姓们都“张灯结彩”，长安街头“千影万影”，连唐太宗李世民都为“影灯”写过诗呢！及至宋朝时，“马骑灯”成了走马灯的通用名，是全国各地逢年过节的必备之物。

[文本一]

有五色蜡纸，菩提叶，若沙戏影灯马

骑人物，旋转如飞。

——［宋］周密《武林旧事》（节选）

［文本二］

走马灯者，剪纸为轮，以烛嘘之，则车驰马骤，团团不休。烛灭则顿止矣。

——［清］富察敦崇《燕京岁时记》（节选）

分析与理解

1. 形成解释：通过阅读材料一，我们明白了，要利用“视觉暂留”原理形成动画效果，图像转换的时间越＿＿＿＿＿＿（快／慢）越好。材料二中有两则简单的古文，你觉得哪些言语能证明走马灯确实利用了“视觉暂留”原理呢？请你试着在文中用横线画出来。

2. 评价鉴赏：你能从文章的内容这一角度为材料一提出一个问题吗？

＿＿＿＿＿＿＿＿＿＿＿＿＿＿＿＿＿＿＿＿＿＿＿＿＿＿＿＿＿＿＿＿

3. 创意运用：这天，大头儿子告诉小头爸爸，他发现当电扇转动时，会变成一个大圆盘，停下来后，又成了五个分开的扇叶，真是太神奇了！你能用今天学到的知识，给大头儿子答疑解惑吗？

★阅读推荐★

《比知识有趣的冷知识》（锄见／编绘）

【项目作业二】表达与交流

1. 做实验，动手参与，仔细观察，将实验的过程写清楚。

你可以这样来记录：

◎实验前：今天做什么实验？你对实验结果的预设是什么？

◎实验中：爸爸、妈妈或者你是怎么做的？印象最深的是什么？你遇到困难了吗？你想到了什么？做了哪些改进呢？

◎实验后：你有什么发现吗？总结出制作小窍门了吗？

根据这些问题，试着把实验的过程写清楚。写完之后，读给爸爸妈妈听一听，看看哪里不通顺，还可以改一改。

2. 说一说：将有趣的实验过程介绍给别人，和朋友一起试一试。

【项目作业三】梳理与探究

1. 你知道人类眼睛的构造吗？在爸爸妈妈的帮助下查阅资料了解一下吧！

2. 你知道吗，视觉暂留还能造成错视现象，也就是我们常说的错觉。

（1）下面这幅黑白格画是著名的赫曼方格，乍一看有很多白色圆点，对不对？再一看，接二连三又变成了很多黑点，而且看哪跳哪，黑点越来越多。其实，这幅画里一个黑点都没有！这是为什么呢？

（2）下面的颠倒屋，应该有小朋友玩过。你能解释“颠倒”的原因吗？

（3）看下面这个图，是不是有种无限往里面延伸动起来的感觉？你知道其中的原理吗？

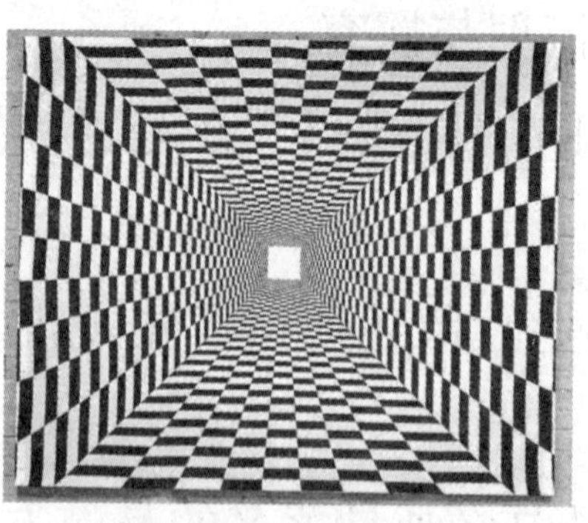

字词补给站

积累下面含有“目”的成语。

头晕目眩	赏心悦目	炫目惊心	引人注目
怒目而视	瞠目结舌	狰狞面目	触目惊心
目眦尽裂	目眩神摇	目瞪口呆	眉目传情

★实验大揭秘★

人眼在观察景物时，光信号传入大脑神经，需经过一段短暂的时间，光的作用结束后，视觉形象并不立即消失，这一现象被称为“视觉暂留”现象。快速转动铅笔时，画有鱼缸的一面消失后，我们大脑中仍然保留鱼缸的印象，此时画有小鱼的一面又映入眼帘，两个画面仿佛重合在一起，小鱼便“游”进鱼缸里啦！

特别的“家访”

经过一段时间的喂养，你的蚕宝宝一定已经开始“闭关修炼”了吧！上学期的语文课上，我们跟随大作家法布尔“参观”了蟋蟀的住宅，认识了一位了不起的“建筑大师”。今天，让我们一起去参观蚕宝宝的家，见识蚕宝宝为自己打造的小天地吧！

活动过程

活动项目：“家”访

活动场所：家里

活动时长：15 分钟

实验准备：寻访调查记录表、蚕茧

实验过程：

第一步：设计一张寻访调查记录表。范例如下：

寻访调查记录表			调查对象：		
	形状	颜色	材质	触感	自己的补充
外观					
内部					

第二步：观察蚕茧外观，把自己的发现记录在表格中。

第三步：小心剪开蚕茧，观察其内部结构，并做好记录。

活动流程：

选一个蚕蛹，观察蚕的家，写观察记录。

准备一张寻访调查记录表，明确自己的调查方向。

查一查资料，说说：蚕的家是怎样建成的？蚕会一直住家里吗？

学习过程

学习目标：

1. 能参与蚕茧的调查活动、观察蚕茧内外结构并做好记录。

2. 能查阅关于蚕结茧和破茧而出的相关资料。

3. 能使用书面语和口头语表达观察所得。

学习项目：

【项目作业一】阅读与鉴赏

你已经知道了吧，原来蚕宝宝的家竟是如此温暖舒适。接下来，阅读下面两篇小材料，去看看蜜蜂和松鼠的家！

【材料一】

巢房——六角形小房

文 / 陶秉珍

蜜蜂的巢，野生的，大都造在大树的空洞里，饲养的，在人造的巢箱中。但巢房的构造，完全一样，各房都是六角形的小房，排列得整整齐齐，看了真叫人吃惊。

巢房的材料，从前大家都以为也是蜜蜂从花里采来的，近来才明白，这些蜡性物质，是它自己腹面第三、四、五、六环节上，四对蜡镜分泌的。这蜡镜，表面是薄板，下面有一排分泌细胞。当造巢时，年轻的工蜂，先吃了许多蜜，集合在巢的天花板上。经过 18 小时至 24 小时，腹面的蜡镜便有蜡液分泌。这些分泌液，碰到空气，就凝成薄片，和透明的云母片相似。它们将这薄片，衔在口里，混入酸性的唾液，炼成一种软膏似的物质，这就是造巢房的材料。这种蜂蜡，不论在扩展性方面，在强韧性方面，以及耐热性方面，宇宙间没有可以和它比拟的东西。

我们试着把蜜蜂正在构造的六角形的巢房仔细观察一下吧！

它们造巢的第一步是房底，四周已成六边形，以便上面再竖立隔离各室的六块壁板。可见构造者的头脑里，起初就有六角形的意识了。

那么，这小小的蜜蜂，为什么要造六角形的巢房呢？真难明白：难道它们起初是造圆筒形的巢房，后来发现种种不合理，逐渐改进，而达到现在这样完美的境地吗？还是因为六角形可以无缝拼接，而且容积又和圆筒形差不多，所以采用的吗？我们觉得本能之外，它们也许有近乎理性的某种性能。

【材料二】

看松鼠做巢

在橡树林里，最常见的动物是松鼠。

我喜欢坐在窗前，看松鼠表演。它们有的表演高空走树枝，有的表演无伞降落，有的像舞彩带似的甩动它漂亮蓬松的大尾巴。我曾经注意到一只松鼠，它把尾巴夹起来旋转，左转几次，右转几次，玩了好半天，然后打着它的尾巴旗子一纵一跳地跑过街，到对面树林串门去了。

松鼠也并非终年都这么玩。有一年，九月底的一个早晨，我正在观赏树上的红叶。这时，视线里出现了一个小影子，仔细一看，原来是一只白肚子的小松鼠。它匆匆爬上一棵半枯的橡树，又匆匆地爬下来，忙个不停。原以为它在玩呢，其实它在做巢！每次上树，松鼠嘴里都叼着一片干树叶。

不过，我心里有点不解，树上它的洞口附近有好多叶子，为什么它不就近取材，非捡树下堆积的落叶不可呢？大概是嫌树上的叶子太湿吧。

晚上，松鼠休息了，我到林子边拖来一棵干枯的小橡树，绑在那棵大橡树上。我想，这样小松鼠就不必费劲地到地上去捡枯叶了——小橡树上，枯叶有的是。

我得意地等待着。早晨的阳光刚照到树梢，小松鼠就出现了。你猜它怎么着？它对我为它准备的树叶竟然不理不睬，一如昨天，依旧匆匆爬下，从地上叼起树叶，又匆匆爬上去。

好吧！既然它认定只有地上的东西好，我就有办法帮助它。树叶终究是树叶，怎么能保暖？晚上，我翻出旧被子里的人造棉，混杂在那棵树下的落叶中。

我得意地想，如果小松鼠够聪明，一定会叼着这又轻又暖的新材料去做巢。早晨，阳光照到树梢，小松鼠又出现了。它匆匆爬下，又匆匆上去，嘴里叼着的，还是树叶。

我仍然不死心。晚上，我找来一张大床单，铺在那棵树下，把落叶全部盖住，上面撒满人造棉。我暗自得意：没有别的选择，它只有用我的材料了。想不到一切都白费心机！它竟绕到别的树下叼来落叶。

我不再尝试别的办法了。小松鼠继续重复着同样的工作，忙忙碌碌地叼落叶。秋已深了，冬天就要来临。不久，大雪会把所有的落叶和橡树掩盖起来。但是我相信，那只白肚子小松鼠高高地蜷卧在自己用最好的材料铺就的巢里，过得非常舒适。

（选自鄂教版语文四年级上册）

分析与理解

1. 获取信息：蜜蜂那神奇的六角形的小房子，是用什么材料建造的呢？这种材料有什么特点？请你用横线在材料一中画出来吧！

2. 评价鉴赏：品读画横线的句子，想一想，如果去掉框中的词，其表达效果会有什么不同。

____

____

3. 创意运用：你能用胶泥或是画笔等美术工具呈现蜜蜂（或者松鼠）的家吗？

★阅读推荐★

《家门口的自然探索笔记》（［美］克莱尔·沃克·莱斯利/著　道法自然/译）

【项目作业二】表达与交流

1. 在仔细地观察蚕的家后写一写，将它们的家写清楚。

你可以这样来记录：

◎未剪开蚕蛹前，你可以看一看它的形状、材质、颜色。摸一摸手感，闻一闻气味。

◎剪开蚕蛹时，有怎样的触感？你的心情怎样？

◎剪开蚕蛹后，你又看到了什么？有什么思考呢？

根据这些问题，把蚕的家外部和内部的构造写清楚，还可以写一写自己当时的想法。写完之后，读给爸爸妈妈听一听，看看哪里不通顺还可以改一改。

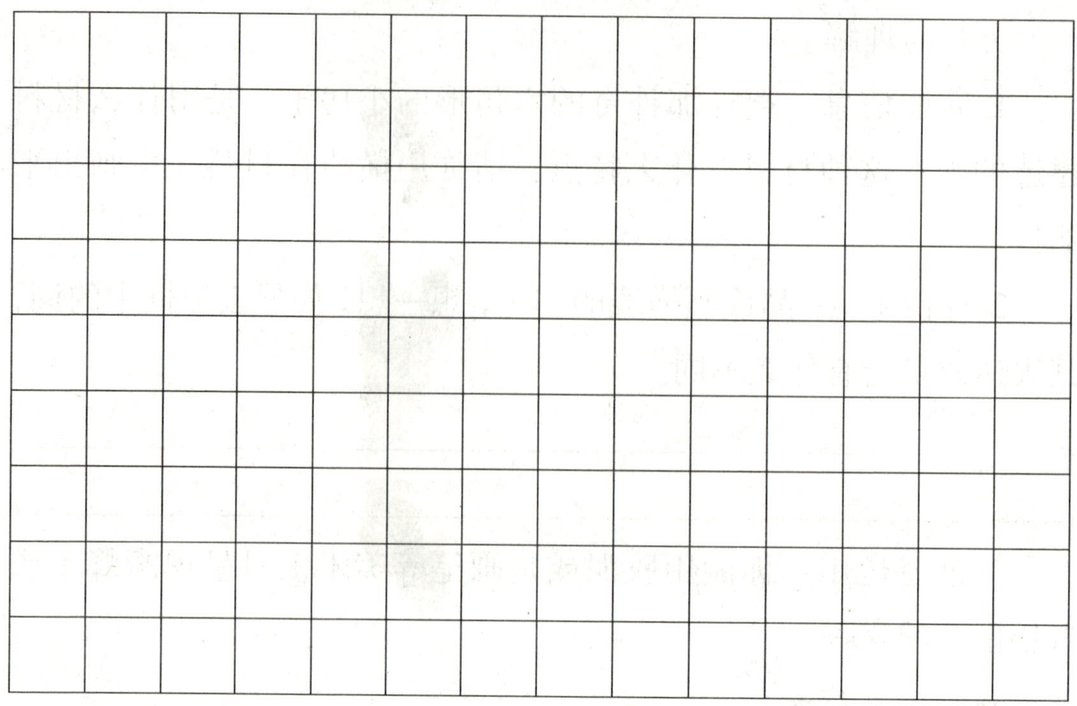

2. 说一说：将有意思的观察过程介绍给别人，和朋友交流自己的收获。

【项目作业三】梳理与探究

1. 判断下面的巢穴分别是什么动物的家。

（1）

（2）

（3）

2. 想一想：你生活的地方有哪些特别的小动物？它们的家都是长什么样？可以自己去寻访，也可以查阅相关的书籍，还可以搜索相关视频……心动更要行动，快去增长你的见识吧！

字词补给站

积累下面与“巢穴”有关的词语。

鸟巢	蛇洞	兔窟	猪圈	蚕匾
狗窝	牛栏	马厩	鸡笼	鸭舍
猴山	龙潭虎穴	鸠占鹊巢	狡兔三窟	

★实验大揭秘★

当蚕宝宝的身体变得透明时就开始吐丝作茧。蚕的头会不停地摆动，头部的肌肉随着摆动来回伸缩，将体内液态的蚕丝抽压出来。这些液态丝一接触空气，就会迅速凝结成固体。这些吐出来的丝排成整齐的“8”字形丝圈，最终形成椭圆形的蚕茧，将自己包裹在内。

蚕蛹在茧壳内居住13～14天，变成蚕蛾。这时，它会吐出一种碱性液体溶解粘着蚕丝的丝胶，使丝分离。然后用头和足把这部分丝拨开，形成一个大孔，从孔里钻出来。

助你一臂之“力”

说到火箭，大家一定不陌生。它可是帮助人造卫星、载人飞船、空间站进入宇宙空间的唯一运载工具。是什么力量帮助火箭升空的？让我们通过一个小实验来揭开这位“大力士”的面具，让它助你一臂之“力”吧！

活动过程

活动项目：制作气球小车

活动场所：室内

活动时长：15 分钟

实验准备：四轮小车、笔杆、铜丝或者铁丝、气球、细线

实验过程：

第一步：把气球绑到笔杆上。

第二步：把支撑用的铜丝或铁丝绑到笔杆上。

第三步：把铜丝或铁丝固定到底座上。

第四步：把气球吹大，用手掐住气球口。调整好气球与小车的距离后，释放小车。

活动流程：

和爸爸妈妈分工完成制作，仔细观察每个实验步骤。

尝试多次驱动气球小车，体验科学乐趣，猜测小车“行驶”的原理。

查一查资料，验证自己的猜测。

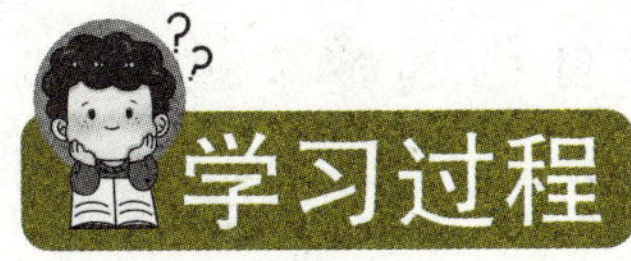

学习过程

学习目标：

1. 能参与“制作气球小车”并观察实验过程。
2. 能查证气球带动小车跑这个实验中蕴藏的科学道理。
3. 能使用书面语和口头语表达实验过程中的观察所得。

学习项目：

【项目作业一】阅读与鉴赏

你已经知道了吧，推动气球小车前进的“大力士”叫反推力。接下来，阅读下面两篇关于反推力的材料！

【材料一】

动物的力学头脑

意大利航海家哥伦布 1492 年环球旅行时，发现蝴蝶能横渡大洋。蝴蝶从欧洲飞往美洲，飞行速度可高达每小时 50 多公里。蝴蝶有什么高超的本领呢？这一直是个难解的谜。

这个谜，不久前才被生物力学家揭开。原来，蝴蝶飞行时，能巧妙地利用翅膀的配合，构成一个绝妙的“喷气发动机”：前翅形成吸气管，后翅则形成一个喷管。这样，蝴蝶不用多大劲，只借助这股小小的“喷气流”所获得的反推力，就可以顺利地完成洲际旅行。

其实，还有不少动物同样也有着“力学头脑”。乌贼遇到敌害，会施放烟幕弹，喷出墨汁一样的发光液体，掩护自己逃跑。近来，生物力学家观察研究后发现，乌贼喷墨还有加速作用。它把墨汁喷出体外，获得海水的反推力，从而使自己加速向前游去。水母、海参等软体动物，也都有类似的本领。

【材料二】

火箭？火箭！

文 / 悠然

火药是中国古代四大发明之一，大家都知道！但，若告诉你，火箭的老祖宗也诞生于中国，你会惊讶吗？诸位莫急，且听我细细讲解。

（一）火与箭

“火箭”这个词最早出现在《三国志》这本书中，书中是这样描述的：“昭于是以火箭逆射其梯，梯然，梯上人皆烧死。”这句话描述了三国时期陈仓之战的一个瞬间——魏国守将郝昭利用带火的箭焚烧了蜀军用来攻城的云梯，烧死了云梯上的蜀兵，守住了陈仓。

你看，“火箭”在诞生之初，仅仅是指在射出的箭上绑上易燃物，成为能用弓弩射出的达到纵火目的的兵器。简言之，就是火把与箭的二合一产品！

（二）火药与箭

隋唐时期，炼丹的方士们在炼丹过程中发明了火药。火药的威力秒杀之前所有的易燃物，就有智者尝试着将火药包捆在箭支上，“火箭”就此改良换代！口说无凭，有书为证！

北宋政治家曾公亮在《武经总要》一书中简单地描述了当时的火箭：“又有火箭，施火药于箭首，弓弩通用之。其傅药轻重，以弓力为准。”瞧瞧，“火箭”威力大不大，全凭“药”量来说话！

只是，这改良版的火箭依然只是“纵火”的标配！

（三）喷气推进火箭

后来，人们大力挖掘火药的“潜力”，以燃烧火药产生反推力的喷气推进火箭问世啦！最为炫酷的莫过于明朝时期的“火箭天团”啦！

明代重要的军事著作里记录了它们的风姿——

A. 将火药用绵纸二三层，中树箭杆，用药傍根包成石榴样。外加麻布缚紧，以松脂熬化封固。又用纸糊，油过，药线眼向前开。铁镞须要锋利，倒钩。燃药线发火，方可开弓放去。（《武备志》）

B. 木桶箭贮神机箭三十二支，名曰“一窝蜂”。……可射三百余步。……总线一燃，众矢齐发。势若雷霆之击，莫敢当其锋者。（《武备志》）

C. 火龙柜者，用木做柜，外画龙文五彩，内藏神机火龙箭三十六支。用药制纸作筒，中藏发药。杆用箭竹，头装铁镞。……柜后总于一信。百柜共三千六百支。号炮一响，则百柜齐发，杀贼甚众。（《火龙神器阵法》）

从这些言语中，我们可以看出，明朝时的火箭不仅升级了动力系统，而且，明朝人善于将多数火箭装在一个筒里，并把各火箭的引线都连到一根总线上。用的时候，只需把总线点着，就能数箭齐发啦！以“火龙柜”为例，“百柜共三千六百支”，你能想象百柜齐发时撼天动地的场景吗？

分析与理解

1. 获取信息：下面这幅图是明朝时期“火箭天团”里的一员“悍将”，你能从材料二中找到对它的描述吗？将序号填在括号里（   ）。

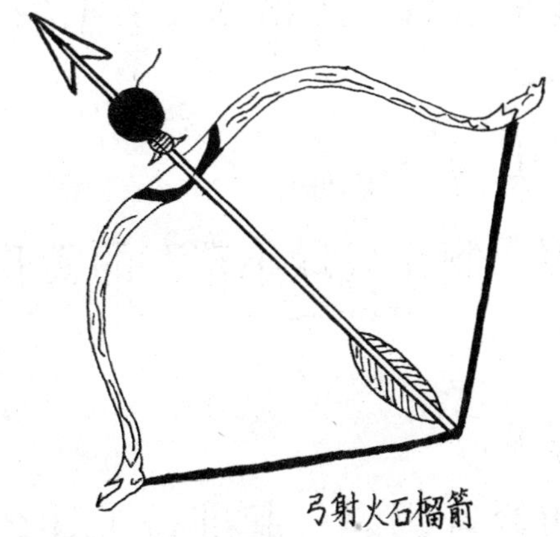
弓射火石榴箭

2. 形成解释：材料一中提到“水母、海参等软体动物，也都有类似的本领”，你能联系上下文说说“类似的本领”是什么吗?

____

3. 创意运用：下面这个炫酷的玩意儿叫“火龙出水”。用大竹筒制作的龙身内部装有多枚小型火箭，龙身两侧前后各装两枚大火箭。先点燃外面捆绑的大火箭，让火龙飞行二三里后再引燃龙腹内的小火箭。此箭用于水面作战，可以焚船伤人。聪明的你，能看出这个火箭和现代的航天运载火箭有哪些相似之处吗？说给家人和朋友听听。

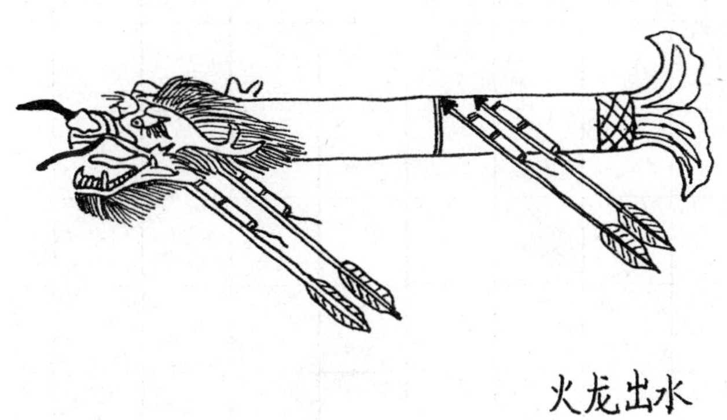
火龙出水

★阅读推荐★

《超有趣的物理小实验》（籍钦光 / 主编）

【项目作业二】表达与交流

1. 在仔细地观察“制作气球小车”的实验后写一写，将实验的过程写清楚。

你可以这样来记录：

◎实验前，你和爸爸妈妈一起准备了什么材料？你最期待参与哪个步骤呢？

◎实验中，你们的具体步骤是什么？注意记录下你们一连串的动作。详细写写你参与的那个步骤：你做了什么？看到了什么？听到了什么？有什么想法呢？

◎实验后，当你看到出发的小车时，你是怎样的心情呢？对于实验结果，你满意吗？你有尝试调整实验器材，重新驱动小车吗？

根据这些问题，把实验写清楚，还可以写一写当时家人间的对话。写完之后，读给爸爸妈妈听一听，看看哪里不通顺还可以改一改。

2. 说一说：将有趣的实验过程介绍给别人，和朋友一起试一试。

【项目作业三】梳理与探究

1. 留心观察生活：还有哪些生活用品利用了反推力？

____

2. 回忆“制作气球小车”的实验，想一想：在这个实验中，做哪些改动可以增大反推力，让小车跑得更快呢？

字词补给站

积累下面与“推”有关的词语与诗句。

推陈出新　顺水推舟　推波助澜　互相推诿　反复推敲

向来枉费推移力，此日中流自在行。

——［宋］朱熹《观书有感·其二》

斜阳流水推篷坐，翠色随人欲上船。

——［清］纪昀《富春至严陵山水甚佳》

★实验大揭秘★

气球为什么能带动小车跑呢？因为气球向后喷气，气体就会产生一个反作用力，这个力量就能带动小车前进啦！

水中“芭蕾”

提到舞蹈，你也许会想到花丛中翩翩起舞的蝴蝶，你也许会想到舞台上活力四射的舞者……若是说蜡烛也可以跳舞，你相信吗？不信？没关系！咱们今天就做个小实验一探究竟吧！

活动过程

活动项目：水中“芭蕾”

活动场所：室内

活动时长：20 分钟

实验准备：玻璃碗、清水、毛细铜管、硬纸片、泡沫、钻孔器、钳子、小蜡烛、打火机

实验过程：

第一步：截取一段毛细铜管，并把它拧成可以支撑的圆圈状；剪两个直径一厘米大小的硬纸片，将纸片中心戳个小孔。

第二步：取一块圆形的泡沫，把已打孔的硬纸片粘在上面，铜管两端穿过纸片和泡沫后向外折成 90° 角。

第三步：往玻璃碗中倒入清水，尽可能保持高水位，然后将插有铜管的泡沫平放在水面上，在泡沫中央放置蜡烛并点燃。过一会儿，你发现____。

活动流程：

和爸爸妈妈一起动手制作，仔细地拧一拧细铜管，把细铜管拧成小圆圈。

往玻璃碗中倒入清水，仔细看一看，观察没有点燃的蜡烛在水中的状态。

蜡烛点燃后，仔细观察，看一看蜡烛在水杯中的运动轨迹，想一想是什么原理让蜡烛跳舞的。

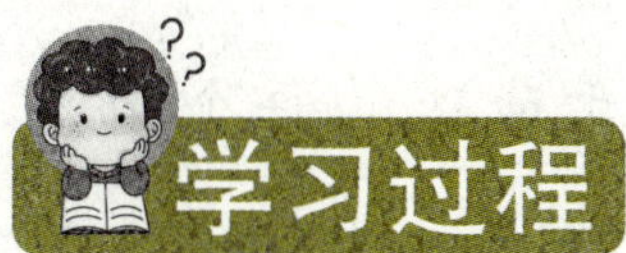

学习目标：

1. 能参与“水中芭蕾”实验并观察蜡烛跳舞的过程。

2. 注意观察实验现象并且能查证实验中的科学道理。

3. 能使用书面语和口头语表达观察所得，写出自己的体验。

学习项目：

【项目作业一】阅读与鉴赏

我们学会了在实验中进行观察，体会实验给我们带来的快乐，接下来阅读下面两篇材料，体会水蒸气这一神奇的自然现象吧！

【材料一】

水蒸气的自我介绍

文 / 欣欣然

大家好！我是水蒸气，你们也可以叫我水汽或者蒸汽。

我是水的气态存在方式。当水的温度升高，达到沸点时，我就出现了。当然，也有一些特殊情况，比如——

环境温度并未到达令水沸腾的标准值，调皮的我依然可以借助空气的流动成功变身呢！试一试，在地上泼一碗水，是不是一会儿工夫，水就消失了呢？哈哈，我已经被风儿带走啦！我将这种变身法称作“蒸发”！另外，在极低气压的环境下（小于 0.006 大气压），我还可以直接以冰的样态完成变身，这种不常用的变身法被称作“升华”。

虽然大家看不见我，但是我的的确确存在于地球的每个角落呢！小到口中呵出的“白气”里，大至天空中的“云朵”中，为了自然界的降雨，我全力以赴；远到蒸汽发动机，近至蒸汽熨斗，为了人类的舒适生活，我鼎力相助……

同学们，我是不是很神奇呢？

【材料二】

伦敦的雾（节选）

文 / 老舍

伦敦的天气也忙起来了。不是刮风，就是下雨；不是刮风下雨，便是下雾；有时候一高兴，又下雨，又下雾。

伦敦的雾真有意思，光说颜色吧，就能同时有几种。有的地方是浅灰色的，在几丈之内还能看见东西。有的地方是深灰的，白天和夜里半点分别也没有。有的地方是灰黄的，好像是伦敦全城全烧着冒黄烟的湿木头。有的地方是红黄的，雾要到了红黄的程度，人们是不用打算看见东西了。这种红黄色是站在屋里，隔着玻璃看，才能看出来。若是在雾里走，你的面前是深灰的，抬起头来，找有灯光的地方看，才能看出微微的黄色。这种雾不是一片一片的，是整个的，除了你自己的身体，其余的全是雾。你走，雾也随着走。什么也看不见，谁也看不见你，你自己也不知道是在哪儿呢。只有极强的汽灯在空中飘着一点亮儿，只有你自己觉着嘴前面呼着点热气儿，其余的全在一种猜测疑惑的状态里。大汽车慢慢地一步一步地爬，只叫你听见喇叭的声儿；若是连喇叭也听不见了，你要害怕了：世界已经叫雾给闷死了吧！你觉出来你的左右前后似乎全有东西，只是你不敢放胆往左往右往前往后动一动。你前面的东西也许是个马，也许是个车，也许是棵树；除非你的手摸着它，你是不会知道的。

窗外的大雾是由灰而深灰，而黄，而红。对面的房子已经完全看不见了。处处点着灯，可是处处的灯光，是似明似灭的，叫人的心里惊疑不定。街上卖煤的，干苦地吆唤，他的声音好像是就在窗外呢，他的身子和煤车可好像在另一世界呢。

（选自《二马》）

分析与理解

1. 获取信息：材料一讲了水蒸气的形成，水蒸气是最常见的自然现象。形成水蒸气有几种方式呢？填写下列图表。

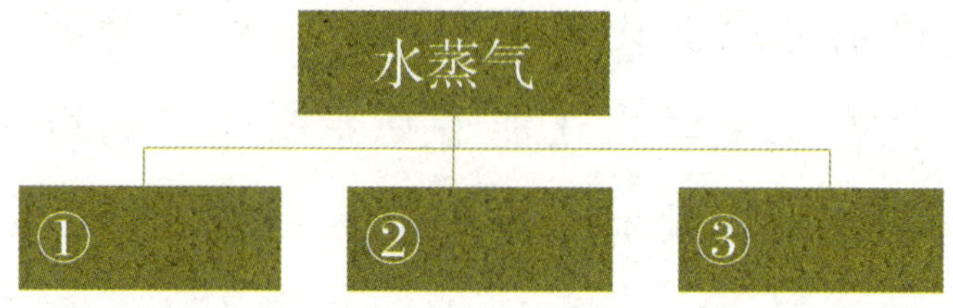

2. 评价鉴赏：材料二是老舍先生所观察到、感受到的伦敦的雾。雾的颜色是老舍先生的描写重点。哪些描写让你觉得很新鲜？用波浪线画出来，并在一旁批注上自己的问题或是感受吧！

3. 创意运用：雾是水蒸气存在的一种现象，伦敦又被称为雾都，那么伦敦为什么会有如此多的大雾天气？寻找资料跟你喜欢的朋友分享一下吧！（可以从课外资料中寻找相关信息）

★阅读推荐★

《中国少儿百科知识全书》（焦维新、赵序茅等 / 著）

【项目作业二】表达与交流

1. 仔细完成观察实验过程，根据问题写一写，将实验的过程写清楚。

你可以这样来记录：

◎实验前：今天要做什么实验？你和父母是怎样分工的？你的心情怎么样？

◎实验中：你们先做什么？接着做什么？最后做什么？遇到困难了吗？怎样解决的？实验中父母说了什么？你看到了什么神奇的现象？

◎实验后：实验的原理是什么？你有什么想法和感受？

根据这些问题，把实验过程写清楚，还可以写一写自己当时的心情。写完之后，读给父母听一听，看看哪里不通顺还可以改一改。

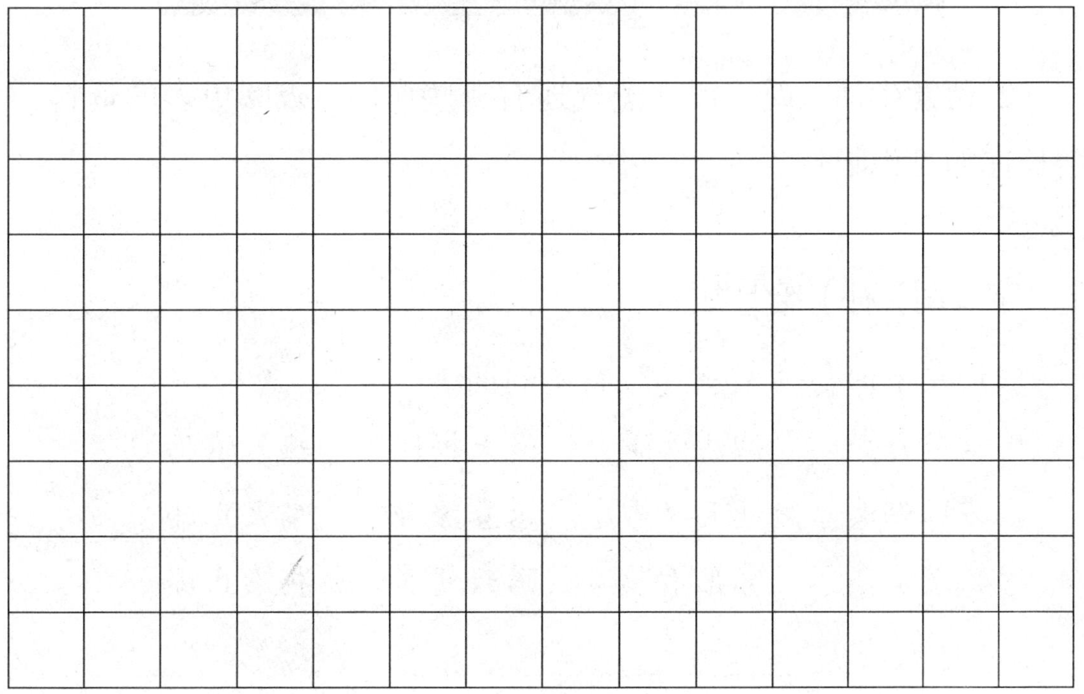

2. 说一说：将有趣的实验过程介绍给别人，和朋友一起试一试。

【项目作业三】梳理与探究

1. 看一看下面的画面，体会生活中水蒸气的存在。

2. 留意生活，说一说水蒸气还有哪些作用。查阅更多的资料，增长你的见识吧！

字词补给站

积累下面与“水蒸气”有关的词语。

云蒸霞蔚	烟波浩渺	漫天彻地	热气腾腾
万顷烟波	漫天风雪	云雾缭绕	扇火止沸
云蒸雾集	雾里看花	腾云驾雾	扬汤止沸

★实验大揭秘★

点燃蜡烛后稍等片刻，原本几乎静止在水面的泡沫和铜管，居然快速地朝一个方向旋转起来，像极了在水面转动的陀螺。

原来，点燃蜡烛加热铜管，管内的水沸腾后产生水蒸气给水一个作用力，因此水也会给铜管一个反作用力，加上铜管末端均朝同一方向弯折，从而推动泡沫装置旋转起来。简单地说，是管内喷出的水蒸气推动了泡沫旋转。

化石趣谈

你一定读过神话故事吧！在神话传说中，地球上的生命是由神创造出来的，然而，以达尔文为代表的进化论者则认为生物是由共同祖先演变而来的。谁是谁非？别急，让生物化石为我们揭晓答案吧！

活动过程

活动项目：可口的“化石”

活动场所：室内

活动时长：两个时段（15 分钟 +10 分钟）

实验准备：一袋黄色或橙色的果冻、装水的长柄奶锅、木勺、纸杯、可食用的化石物体（比如一颗坚果、干掉的水果）

实验过程：

第一步：选一个你想做成化石的可食用物品放进纸杯。

第二步：请爸爸妈妈用长柄奶锅在炉子上加热果冻，并将加热后的液体状的果冻倒进纸杯。（注意：不要接触滚烫的液体）

第三步：请将纸杯放进冰箱冷藏格冷藏 12 个小时后取出，去除纸杯观察这个“化石”。

第四步：观察完之后，你可以选择吃掉你的“化石”啦！

活动流程：

仔细观察父母做实验，记录果冻融化时的状态。

取出冷冻后的“果冻化石”，看看它的模样，尝一尝它的味道。

查一查资料，了解自然界里的“化石”形成的原理。

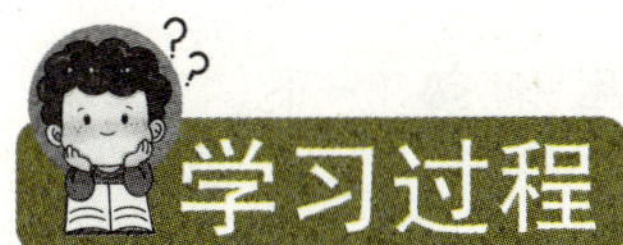

学习过程

学习目标：

1. 能参与“可口的‘化石’”的制作并观察实验的过程。

2. 能了解自然界里“化石”形成的原理。

3. 能使用书面语和口头语表达观察所得，写出自己的体验。

学习项目：

【项目作业一】阅读与鉴赏

你已经体会到实验的乐趣了吧！我们不仅学会了在实验中进行观察，更体会了主动探索带给我们的收获。阅读下面的材料，了解有关真化石的科学知识吧！

【材料一】

延州石笋

近岁延州永宁关大河岸崩，入地数十尺，土下得竹笋一林，凡数百茎，根干相连，悉化为石。……延郡素无竹，此入在数十尺土下，不知其何代物。无乃旷古以前，地卑气湿而宜竹邪？

——［宋］沈括《梦溪笔谈》（节选）

【译文】

近年，延州永宁关黄河岸崩塌，陷落了数十尺。土层下发现了一片竹笋林，总共有几百根。竹根、竹干相连，都化成了石头。……延州一向不产竹子，这些竹笋掩埋在数十尺深的地下，也不知道它们是什么时代的东西。难道是很久以前，这里地势低下，气候湿润，适宜竹子生长？

【材料二】

题新妇石

［宋］黄庭坚

南崖新妇石，霹雳压笋出。

勺水润其根，成竹知何日。

【备注】

这首诗题于一块化石之侧，记载了一则趣事——宋代大诗人黄庭坚发现了一块光滑的石头，石中有如竹笋一般的植物，于是，天天给它浇水，盼望石笋也能快快长大。经过后世科学家的研究证实，黄庭坚发现的“石笋”，学名叫作“震旦角石”，又叫“中华角石”，是一种生存在四亿四千万年前的软体动物的化石。这种软体动物外形呈圆锥形，一头尖，一头宽，如同一座宝塔，是一种凶猛的食肉类动物。

【材料三】

螺蚌壳化石

尝见高山有螺蚌壳，或生石中，此石即旧日之土，螺蚌即水中之物。下者变而为高，柔者变而为刚。

——［宋］朱熹《朱子语类》（节选）

【译文】

我曾在高山之上见到过螺和蚌的壳，有些如同生长在石头中似的。这些石头就是远古时生长在水中的螺和蚌被沉积下来的沙土包裹形成的。原本的河泽汪洋现在隆起成了高山，原本的软体动物现在却变得坚硬如石。

分析与理解

1. 获取信息：结合注释读懂古文后，想一想，沈括和黄庭坚发现的“石笋”化石是一样的吗。请在相应的材料中找到能印证你观点的描述。

2. 评价鉴赏：这三篇材料都描述了作者看到的化石模样以及由化石产生的一些想法。你觉得（　　　　）中的联想才与化石形成有关呢？（多选题）

A. 延州石笋　　B. 题新妇石　　C. 螺蚌壳化石

3. 创意运用：你还知道哪些跟化石有关的知识？请寻找课外资料，整理完善信息，做成小报或者在班级里召开分享会。

★阅读推荐★

《化石小猎人》（刘福江 / 主编）

【项目作业二】表达与交流

1. 做实验，动手参与，仔细观察，将实验的过程写清楚。

你可以这样来记录：

◎实验前：今天做什么实验？你对实验结果的预设是什么？

◎实验中：爸爸妈妈是怎么做的？果冻有什么变化？你能尝试解释清楚原因吗？让你印象最深的是等待的过程还是品尝的瞬间？写写你的心理活动吧！

◎实验后：你有什么发现和感受？

根据这些问题，试着写一写实验的过程，写一写自己当时的发现和感受。写完之后，读给爸爸妈妈听一听，看看哪里不通顺还可以改一改。

2. 说一说：将有趣的实验过程介绍给别人，和朋友一起试一试。（此实验须在成人的陪同下完成）

【项目作业三】梳理与探究

若是当地有自然博物馆，让爸爸妈妈带你去看看住在里面的化石吧！若是没有，你可以通过网络观看介绍化石的视频，线上涨知识！

字词补给站

积累下面与“石”有关的词语和诗句。

落井下石　炼石补天　裂石穿云　眠云卧石　石破天惊

青青陵上柏，磊磊涧中石。

——《古诗十九首·青青陵上柏》

泉声咽危石，日色冷青松。

——［唐］王维《过香积寺》

垂钓坐磐石，水清心亦闲。

——［唐］孟浩然《万山潭作》

★实验大揭秘★

化石的原理是生物被掩埋于岩石内，未遭受细菌腐蚀，骨架没有被碳化，最后形成了化石形式的遗迹。果冻化石利用果冻可以在液态、固态两种状态之间转换的特点，用果冻包裹坚果模拟化石的样子。

我是桥梁建筑师

我国著名桥梁专家茅以升说过："桥梁是一种自古有之，最普遍而又最特殊的建筑物。"在我们的周围可以看到很多不同形状和结构的桥。桥是怎样受力的？让我们一起来当一次小小建筑师，去研究桥的形状和结构与承重之间的关系吧！

活动过程

活动项目：制作纸横梁

活动场所：室内

活动时长：15 分钟

实验准备：书本 4 本、硬币一些、A4 纸若干

实验过程：

第一步：不改变纸的长度和宽度，折出不同纸横梁的形状，如圆弧形、"U"形、"一"字形、"V"形等。

第二步：将书摆在两边当作桥墩，中间铺上纸横梁。往横梁中间一个个放置硬币，直到横梁接触地面，记录硬币数量。

第三步：依次更换不同的纸横梁，同样逐一放置硬币，至横梁接触地面，记录硬币数量。

横梁形状	○	U	一	V	□	工
硬币数量						

活动流程：

认真参与实验的制作，记录纸横梁依次承受的硬币数量。

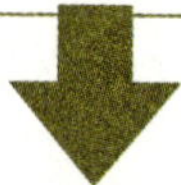

对比各种形态的纸横梁的具体承重量，找出其中的“大力士”。

查一查资料，了解更多桥梁的结构与作用。

学习过程

学习目标：

1. 能参与制作纸横梁并观察记录不同形态的纸横梁的承重能力。

2. 能理解改变形状可以提高桥梁的抗弯曲能力这一科学原理。

3. 能使用书面语和口头语表达实验中的观察所得。

学习项目：

【项目作业一】阅读与鉴赏

你已经知道了吧，改变横梁的形状能影响桥梁的抗弯曲能力。接下来，阅读下面两篇关于桥梁的小材料，拓宽我们对桥梁建筑的认识！

【材料一】

蜀中安澜桥

将至青城，再度绳桥。每桥长百二十丈，分为五架。桥之广，十二绳排连之，上布竹笆。攒立大木数十于江沙中，辇石固其根。每数十木作一架，挂桥于半空。

——［唐］范成大《吴船录》（节选）

【译文】

（我）即将到达青城山，再一次过绳桥（绳桥，即安澜桥）。桥长约 400 米，分为五部分。桥面很宽，由十二根麻绳并排相连，再铺上宽宽的竹片。许多高大的木桩集中立在江中的泥沙里，无数石块固定在木桩根部，这样便构成了坚固的桥墩。如此制作五个木桩桥墩，将绳桥挂在了半空中。

【材料二】

精打细算做钢梁

在南京长江大桥上，横卧桥墩的巨大框架梁都是由横切面为“工”字形的钢材构成的。

为什么用“工”字形钢材？

建造桥梁需要保证桥梁有足够的强度，又要尽量节约材料。构成框架的钢材用什么形状好呢？横切面是“工”字形的钢材像两个背靠背的槽钢，而槽钢又像两个相对的“L”形钢材，也就是说“工”字形钢像由四个“L”形钢材对称组成。比起“L”形钢和槽钢，它的四个边更不容易折弯，在节约材料的前提下，它又有较大的厚度。这就使“工”字形钢有很强的抗弯曲能力，又比同样厚度的矩形钢少用许多钢材。经试验，如果承受同样的重量，把钢材做成“工”字形，比做成矩形要节省一半以上钢材！

火车轨道用的钢轨是一种形状稍微变化了的“工”字形钢。为了使钢轨安放在枕木上足够稳定，就把轨底做得比较宽，为了更好地承受车轮的压力，就把轨头做得比较窄而厚，抗弯曲任务主要由轨底和轨头承担了，轨腰就做得比较薄。这样，钢材作用得到最充分的发挥，可算是精打细算了。

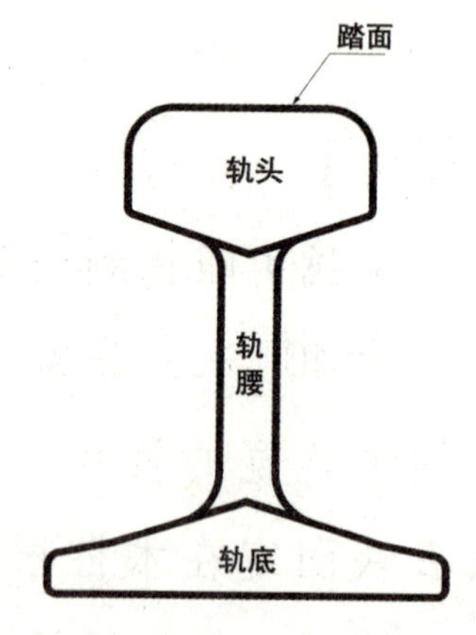

把钢材横切面做成一些特殊形状，这样的钢材叫作型钢。除“工”字钢外，还有槽钢、角钢、“口”字钢，等等。所有这些

型钢的抗弯曲力都比同重量、同长度的钢条强。

（选自教科版六年级上册《形状与结构》）

分析与理解

1.获取信息：请根据译文读懂材料一，找到文中描写安澜桥“桥梁”材质的句子，用横线画出来。

2.评价鉴赏：请在材料二中找出至少一种说明方法，用波浪线画出来并进行批注说明。

3.创意运用：材料二中提到了很多形状的钢材，你能用胶泥、积木或是其他材料制作一两种吗？

★阅读推荐★

《中国桥》（刘少鹏、曹淑海／著）

【项目作业二】表达与交流

1.在仔细地观察自己做纸横梁实验后写一写，将实验的过程写清楚。

你可以这样来记录：

◎实验前，你准备了什么材料？

◎实验中，你的操作步骤是什么？注意先后顺序，记录一连串的动作。同样的实验步骤可以详写一个，其他只记录结果。

◎实验后，当你看到记录的不同形状横梁对应的数字时，你有什么想法和感受？对于提高横梁的承重能力，你还有哪些设想呢？

根据这些问题，把实验写清楚，还可以写一写实验过程中你的心理活动。写完之后，读给爸爸妈妈听一听，看看哪里不通顺还可以改一改。

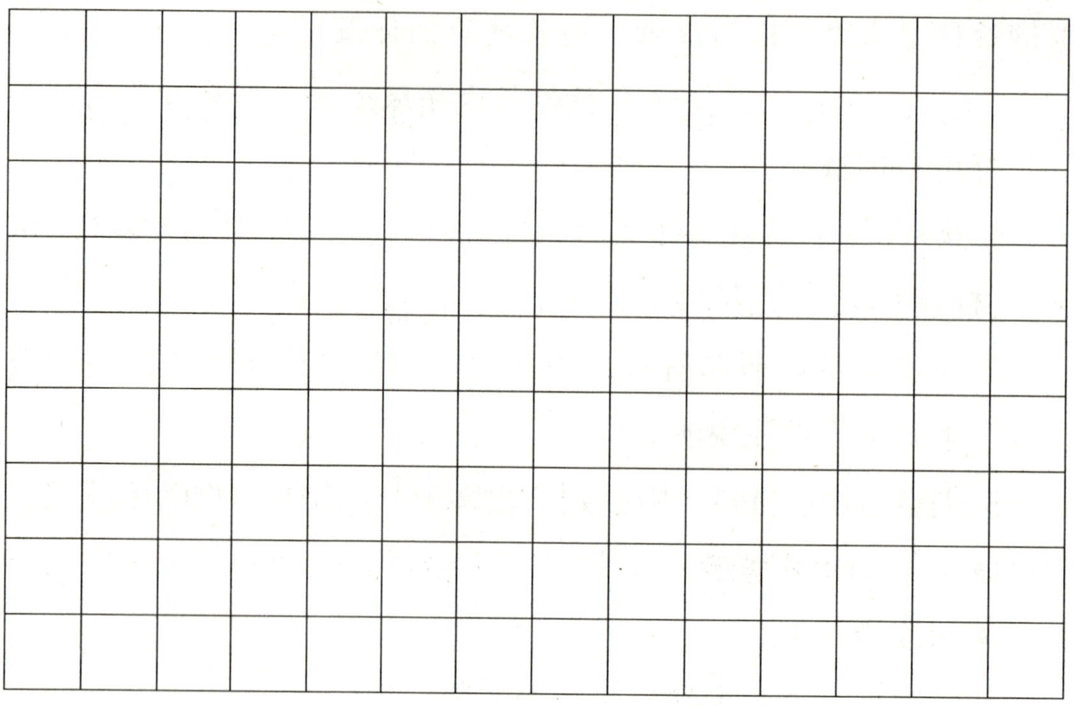

2. 说一说: 将有趣的实验过程介绍给别人，和朋友一起试一试。

【项目作业三】梳理与探究

1. 同学们，之前做的“制作纸横梁”实验中，我们通过改变“横梁”的形状提高了材料的抗弯曲能力。试试增加“横梁”的厚度，增加“横梁”的宽度，你又会有新的发现哟！

2. 同学们，中国是有名的桥梁大国，其中“石拱桥”遍布祖国大江南北。为何拱形的桥梁受到那么多工匠的青睐？在家长的帮助下查阅资料，探究“拱形”是如何提升桥梁抗弯曲能力的吧。

字词补给站

积累以下由“桥的承重”引申出的趣味歇后语吧！

灯草搭浮桥——走不得　　短板子搭桥——不顶用

枯木搭桥——存心害人　　麻秆搭桥——担当不起

木炭搭桥——难过　　醉汉过铁索桥——上晃下摇

★实验大揭秘★

桥梁结构中有直立的“柱子”和横放的“横梁”，横梁比柱子容易弯曲和断裂，所以要提高横梁的抗弯曲能力。在不增加材料的情况下，“V”“L”“U”“T”或“工”字等形状，实际上都是减少了材料的宽度，增加了材料的厚度，从而大大增强了横梁的抗弯曲能力。

让人喜忧参半的霉菌

你可曾留意过衣服、鞋子上的小白点？留意过屋顶、墙角的小黑点？留意过食物上那一缕缕白丝或是毛茸茸的小绿点呢？这些可能被你忽视的小点点们，有个共同的名字——霉菌。如果食用发霉的食物，人会生病甚至丢掉性命呢！那么，霉菌是不是真的一无是处呢？让我们带着疑问，一起解密霉菌吧！

活动过程

活动项目：面包上的霉菌

活动场所：室内

活动时长：持续 3–5 天，每天 5 分钟观察记录。

实验准备：一只透明塑料袋、一片面包、少量水

实验过程：

第一步：将少量水洒在面包片上。

第二步：将面包片装入塑料袋中，封好口。

第三步：将塑料袋放在阴暗且较为温暖的地方，放置 3—5 天。

活动流程：

和爸爸妈妈一起，从外部仔细地观察并记录：面包的变化。

和爸爸妈妈说一说：自己看到的面包发生了什么变化？

查一查资料，了解神奇变化产生的原因。

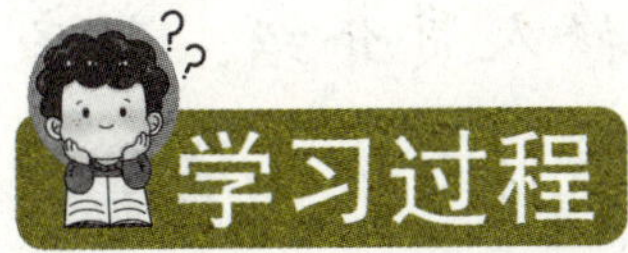

学习目标：

1. 能参与让面包发霉的实验并观察记录整个过程。

2. 能查证让面包发霉的科学原理。

3. 能使用书面语和口头语表达观察所得。

学习项目：

【项目作业一】阅读与鉴赏

面包之所以会产生神奇的变化，是因为霉菌制造出的孢子在潮湿环境下生长。接下来，阅读下面两篇关于霉菌的小材料吧！

【材料一】

漫话室内霉菌

在自然界中，霉菌有3万多种，而且分布很广，其中大约有200多种可致癌。居室内常见的霉菌莫过于黑色和绿色的葡萄穗霉和黑曲霉了。

霉菌并非总是显而易见，长期的潮湿环境会造成霉菌的滋生、繁殖，有时它会隐藏在地毯或者墙缝中，但迟早它会从角落里爬出来。

从前，霉菌是老房子的“常客”。现在，越来越多的新房屋也过快地出现霉菌。这是为什么呢？据专业装修人员介绍，新房墙体内的湿气蒸发掉需要1–2年的时间。房屋装修时嵌入墙壁的家具、粘贴的壁纸、铺盖的地毯等覆盖物极大程度地将潮气封闭了起来。同时，厨房、浴室产生的热气聚于室内不易散去。这些因素都为霉菌创造了最佳的居住环境。而霉菌一旦在房间内滋生就很难自行消失。

霉菌可以直接在人体内繁殖，长期居住在有霉菌的环境下，可能引发各类呼吸道疾病与过敏性疾病，尤其是抵抗力较弱的孕妇、婴幼儿、老人更容易患病。

在霉菌不太严重的情况下，使用80%的酒精洗刷墙壁就足够了；如果发霉情况严重，则应当征求专家的意见，由专家来决定具体的除霉方案。之后，为了避免再次发霉应注意以下三点：使墙体彻底干燥；消除霉菌的成因；正确取暖和通风。

（选自2006年12月10日《参考消息》）

【材料二】

非凡的真菌

文 / 段玉

一提到真菌，相信多数人都会感到不太舒服，人们脑中马上浮现出来的，可能是过期面包上长出的“毛儿”，老旧墙壁上的霉印，蛮烟瘴雾之地肆虐的传染病，这些无疑是对真菌以偏概全的认识。其实，我们吃的香喷喷的面包，喝的爽口啤酒，以及美味奶酪，都是真菌对人类的慷慨馈赠。看来，如果用一个词来描述自古以来人们对待真菌的态度，那么“爱恨交加”是最合适不过的了。

其实真菌广泛存在于地球上，空气、水、土壤、动植物的体表或体内，都可能找到它们的踪迹。有的真菌体型很小，比如酵母菌，需要在显微镜下才能看清；有的真菌体积超大，个体覆盖面积就可达 100 多平方米。

优质药物中不乏真菌的影子。比如，家喻户晓的青霉菌，它所产生的青霉素是疗效显著的抗菌类药物；大伏革菌可以预防和根治针叶林根部腐烂的问题。

利用真菌可以生产微生物柴油。真菌中的木腐菌释放的化学烟雾中含有大量类似柴油的挥发性有机物。将这种真菌与枯枝败叶混合在一起，仅用 3 个星期就能让枯叶转化为可供使用的微生物柴油。

真菌可以用来做生态恢复：增加土地的生产力，清除污染物，缓解全球气候变化的进度，还可以用来做水体净化，等等。

真菌，这位非凡的化学家的本领远远不止这些。随着科技的不断进步，真菌会在日常生活的更多方面发挥更大的作用。

分析与理解

1. 获取信息：材料一中说，避免室内再次发霉需要注意 ____________、____________ 以及正确取暖和通风。

2. 获取信息：材料二中说，真菌是一位非凡的 __________，它可以 ____________、____________、____________。

3. 创意运用：同学们，赶快找一找家里是否有霉菌吧，如果有，和爸爸妈妈一起治理它们，最后拍照对比看看！

★阅读推荐★

绘本《霉菌》（徐晓璇 / 文、图）

【项目作业二】表达与交流

1. 在完成“面包上的霉菌”这项科学观察后写一写，将变化的过程写清楚。

你可以这样来记录：

◎在面包上洒水时，你是集中还是分散洒水呢？洒水时，你心中有怎样的期待呢？

◎第二天面包有变化吗？你看到了什么？心里又想到什么呢？隔着袋子试着感受一下被水浸湿的地方干了吗？

◎第几天面包开始出现霉菌呢？最开始出现的霉菌有多大呢？是什么颜色呢？接下来的几天，霉菌又发生了什么变化呢？

根据这些问题，把观察过程写清楚，还可以写一写自己当时的心情。写完之后，读给爸爸妈妈听一听，看看哪里不通顺还可以改一改。

2. 说一说：将有趣的观察过程介绍给别人，和朋友一起试一试。

【项目作业三】梳理与探究

1. 生活中，还有哪些地方容易出现霉菌？除了饮食，霉菌还有其他方式进入人体吗？

2. 想一想：霉菌还可以为人类做哪些贡献呢？查阅更多的资料了解霉菌吧。

字词补给站

积累下面与“霉菌”相关的词语。

真菌　　细菌　　病菌　　发霉　　腐烂　　腐化

★实验大揭秘★

霉菌的生长发育需要水分和较为暖和的温度。面包受潮后，霉菌就会吸收食物中的水分，分解和吞食食物中的淀粉、蛋白质等养分，进行大量繁殖。最后，面包上就会出现大片的霉斑。

假如没有了灰尘

你瞧“尘”这个字，多有意思！上面一个“小”字，下面一个“土”字，这告诉我们尘土的特点——微乎其微。虽然它微乎其微，但人们对它却是谈之色变，唯恐避之不及。可是，世界上如果真的没有了灰尘，那也不可想象。来吧，我们一起走进微观的世界去一探究竟！

活动过程

活动项目：“捉住”灰尘

活动场所：户外

活动时长：20 分钟

实验准备：双面胶、长方形的小木片 3 块、记号笔、放大镜

实验过程：

第一步：将双面胶贴在小木片上，并用记号笔给三块小木片编上编号。

第二步：把贴好双面胶的木片分别静置在街边、公园、工地边三处不易被触碰到的地方。

第三步：30分钟后，同时回收三块木片，使用放大镜观察双面胶上的灰尘数量。

我发现，这三处的木片上的灰尘数量__________最多，__________最少。

活动流程：

准备好实验用品，按照实验过程做一做。

对比完三处木片上的灰尘数量，和父母说说自己的想法。

查一查资料，和父母讨论讨论灰尘的来源及成因。

学习过程

学习目标：

1. 能参与并观察实验过程，感受平时被忽略的生活细节。

2. 能探究、查证生活中灰尘的来源及成因。

3. 能运用资料，拓展想象写下假如没有灰尘时的景象，并能进行灰尘的自我介绍。

学习项目：

【项目作业一】阅读与鉴赏

原来我们生活中处处都有灰尘。那么灰尘到底是怎么来的？又将去哪里？假如真的如大家所愿，整个地球一尘不染的话，世界又将会变成什么模样？接下来，请阅读下面两篇材料，走进灰尘的世界。

【材料一】

灰尘的旅行

文 / 高士其

灰尘是地球上永不疲倦的旅行者，它随着空气的动荡而漂流。

在晴朗的天空下，灰尘是看不见的，只有在太阳的光线从百叶窗的隙缝里射进黑暗的房间的时候，可以清楚地看到无数灰尘在空中飘舞。大的灰尘肉眼固然也可以看得见，小的灰尘比细菌还小，就是用显微镜也观察不到。

根据科学家测验的结果，在干燥的日子里，城市街道上的空气，每一立方厘米大约有 10 万粒以上的灰尘；在海洋上空的空气里，每一立方厘米大约有 1000 多粒灰尘；在旷野和高山的空气里，每一立方厘米只有几十粒灰尘；在住宅区的空气里，灰尘要比海洋的多一些。

在宁静的空气里，灰尘开始以不同的速度下落，这样，过了许多日子，就在屋顶、门窗、书架、桌面和地板铺上了一层灰尘。这些灰尘，又会因空气的动荡而上升，风把它们吹送到遥远的地方去。

1883年，在印度尼西亚的一个岛上，有一座叫作克拉卡托的火山爆发了。在喷发的时候，岛的大部分被炸掉了，最细的火山灰尘上升到8万米——比珠穆朗玛峰还高8倍的高空，周游了全世界，而且还停留在高空一年多。这是灰尘最高最远的一次旅行了。

灰尘的旅行，对于人类的生活有什么危害性呢?

它们不仅把我们的空气弄脏，还夹杂着病菌和病毒，它们是我们健康的最危险的敌人。灰尘是呼吸道的破坏者，它们会使鼻孔不通、气管发炎、肺部受伤，从而引起伤风、流行性感冒、肺炎等传染病。

因此，灰尘必须受人类的监督，不能让它们乱飞乱蹿。近年来，科学家已发明了用高压电流来捕捉灰尘的办法。人类正在努力控制灰尘的旅行，使它们不再成为人类的祸害，而为人类的利益服务。

【材料二】

让人又爱又恨的灰尘

人们讨厌灰尘，可是又不能离开它。

假如，真的没有了灰尘，世界会变成什么样呢? 简直无法想象。

假如真的没有灰尘，地球可能会变成第二个火星。因为低空中的灰尘环绕着地球形成了一层保护层。因为有了灰尘，云滴得以形成，厚厚的乌云又组合成了一片“反光镜”，将太阳的过多的能量反射回广阔的宇宙空间。此外，宇宙中还有很多有害射线，如果没有了云朵的保护，它们都将会毫无阻挡地进入地球表面，并对人类产生致命的威胁……

假如真的没有灰尘，天上就再也看不到云朵了，同时也就没有雨出现了。因为水汽没有尘埃颗粒作为核心，就无法凝结，形成云雨。这样，春夏秋冬少了雨，会少了多少景致啊。有实验可以证明：在没有灰尘的情况下，空气中的水汽要凝结是很困难的。即使空气达到了饱和状态，也还是难以凝结。但只要加上一些吸湿性的微粒（如烟灰、灰土等），水汽便会立即凝结。这些颗粒能将水汽吸附在自己的表面上，形成水滴，故被称为“凝结核”。这些颗粒的半径一般在107微米。如果颗粒越大，对水汽分子的吸附作用越强。水汽分子愈容易在它的表面上聚集。没有尘埃不但成不了云层，下不了雨，而且也产生不了雷电。

唉，让人又爱又恨的灰尘呀！

分析与理解

1. 获取信息：你能根据灰尘的数量从多到少的顺序对下列场所进行排序吗？

高山上空　海洋上空　住宅上空　街道上空

______

2. 形成解释：材料一介绍了灰尘的危害，请你用简练的语言概括出它的危害。

______

3. 评价鉴赏：

材料二中提到：这些颗粒能将水汽吸附在自己的表面上，形成水滴，故被称为“凝结核”。这些颗粒的半径一般在107微米。如果颗粒越大，对水汽分子的吸附作用越强。

这句话用到了哪些说明方法？请你说说这些说明方法的使用

有什么好处。

★阅读推荐★

《灰尘的旅行》（高士其 / 著）

【项目作业二】表达与交流

1. 写一写：如果有一天，地球上的灰尘被清除干净了，那将会是一个怎样的世界？请发挥你的想象，借助材料二中描述的多个情景，展开描写其中的一个场景。

2. 假如你就是灰尘中的一员，面对大家的指责和误会，你满心委屈。请为自己来一段自我介绍，让大家更加全面地认识你。建议你从自己的来源、缺点、优点以及与人的相处之道这几个方面来介绍。

【项目作业三】梳理与探究

1. 灰尘到底是从哪里来的呢？请查阅相关资料，了解灰尘的来龙去脉。

2. 怎样才可以“捉住”灰尘呢？和爸爸妈妈讨论讨论，然后列举你所了解的去除灰尘的方法。最后找出一种最适合你们家的除尘方法，“捉住”藏在你家的灰尘吧！

字词补给站

积累下面形容“事物细小”的成语。

风吹草动　毫厘千里　毫厘丝忽　九牛一毛　毛发之功

眇乎其小　涓滴微利　防微杜渐　不遗毫发　半丝半缕

★实验大揭秘★

同学们，现在你们知道了吧，虽然我们常常看不见灰尘，但是它却无处不在。双面胶上被粘住的只是其中很少的一部分，但是却能说明这一处所包含的灰尘多或少。通过对比同一时间段，不同场所双面胶上附着的灰尘，我们就能较为科学地辨别哪些地方灰尘多、哪些地方灰尘少啦！

大自然的“美容师”

常言道“桂林山水甲天下”，典型的喀斯特地貌构成了别具一格的“桂林山水”。同为中国四大自然奇观的“云南石林”，也是喀斯特地貌（岩溶山水）的代言人。大自然是如何运用它的鬼斧神工，造就了这些令人震撼的山水之姿？来，让我们先做一个小实验，再一探究竟！

活动过程

活动项目：喀斯特小实验

活动场所：实验室

活动时长：分阶段观察（当时、一个小时后、两个小时后、一天以后）

实验准备：两个一次性透明水杯、若干鸡蛋壳、半杯白醋、半杯清水

实验过程：

第一步：准备好两个一次性透明水杯，其中一个倒入半杯白醋，另一杯倒入半杯水。

第二步：在两个不同溶液的杯子里面，放入提前准备好的鸡蛋壳。

第三步：分时段观察两个杯子中鸡蛋壳的变化。（把你的观察结果写入下面的表格中。还可以用泡泡提示的形式在图旁添上观察到的变化哟！）

时间段	水中的鸡蛋壳	醋中的鸡蛋壳
当时		
一个小时后		
两个小时后		
一天以后		

活动流程：

准备好实验用品，按照实验过程做一做。

观察、记录两杯液体中鸡蛋壳的变化，和家长说说自己的想法。

查一查资料，了解这个过程中用到的化学知识。

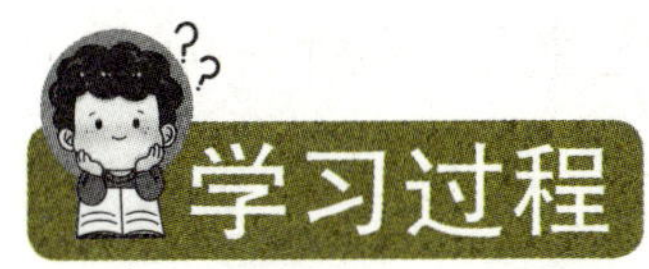

学习目标：

1. 能参与并观察实验过程，感受科学的神奇力量。

2. 能了解本次实验中鸡蛋壳能溶于醋的科学原理。

3. 能搜集资料，以导游的形式介绍一处喀斯特地貌景观。

学习项目：

【项目作业一】阅读与鉴赏

通过实验，我们发现，碳酸钙害怕遇到酸性液体，但是水却对它无能为力。大自然中的岩石，它的主要组成成分是碳酸钙，为何又有“水滴穿石”一说呢？接下来，请阅读下面两篇材料，看看大自然的“美容师”是怎样完成杰作的吧！

【材料一】

喀斯特地貌是怎么形成的？

喀斯特地貌是怎么形成的呢？

在我国，裸露石灰岩的分布面积占地表的四分之一，因此水滴到石灰岩上是很普遍的一种现象。水吸收和溶解了空气中的二氧化碳，产生了带弱酸的雨水，这些雨水与石灰岩反应，就会生成可溶于水的物质。水滴不断地滴下来，不断地溶蚀石灰岩，并把沉淀的溶蚀物质冲走，天长日久就形成了喀斯特地貌。

长江三峡地区就是一个石灰岩地区，仅靠水流的机械冲刷和磨蚀作用，四川盆地现在恐怕还是泽国。一定是发生了喀斯特作用，才把三峡切穿了，让四川盆地的众多水系有了一个出口，水才夺路而出。

喀斯特地貌不仅发生在地面上，还发生在地下。比如广西乐业的一个地下洞中大厅——红玫瑰大厅，长 300 米，宽 200 米，最高处达 260 米，这规模与人民大会堂相当，但高度要高多了。

洞中的大厅是怎样形成的？原来洞穴在发育的过程中，由于岩层中有夹层，岩性不一样，或岩层有各种节理（指断裂变形）和裂隙，再加上有倾斜的角度，这样洞穴发展到一定程度，由于重力作用，洞顶的岩石会发生塌陷。随着塌陷愈演愈烈，地下河又不断地运走塌下的物质，洞中的厅堂就越来越大，大厅就形成了。洞中的厅堂继续发展，洞顶越来越薄，最后彻底塌陷，大厅露出地表，这时大厅就成了喀斯特地貌中的所谓“天坑”。

【材料二】

游七星岩①（节选）

文 / 徐霞客

忽转而西北，豁然中开，上穹下平，中多列笋悬柱，爽朗通漏，此上洞②也，是为七星岩。从其右历级下，又入下洞，是为栖霞洞。其洞宏朗雄拓③，门亦西北向，仰眺崇赫④。洞顶横裂一隙，有石鲤鱼从隙悬跃下向，首尾鳞鬛⑤，使⑥琢石为之，不能酷肖乃尔⑦。其旁盘结蟠盖⑧，五色灿烂。西北层台高叠，缘级而上，是为老君台⑨。由台北向，洞若两界，西行高台之上，东循⑩深壑之中。

【注释】

①七星岩：在桂林市东郊，漓江东岸。有七个排列得像北斗七星的山峰，总称为七星山。

②上洞:《徐霞客游记》中称七星岩的上层为上洞，中层为下洞，即文中的栖霞洞。

③雄拓：雄伟宽广。

④崇赫：高大。

⑤鳃：鱼鳃。

⑥使：即使。

⑦酷肖：非常相似，惟妙惟肖。　乃尔：竟然如此。

⑧蟠盖：指形如旌旗、车盖的钟乳石。

⑨老君台：在第一洞天"千人大厅"左侧高崖上，供奉老子神像。

⑩循：顺着，沿着。

【译文】

忽然转往西北，眼前豁然开阔起来，洞顶隆起底部平坦，洞中排列着很多石笋和悬垂的石柱，光线不错，这是上洞，就是七星岩。从洞的右侧沿石阶往下走，进了下洞，就是栖霞洞。这个洞宏大明朗，雄壮开阔，洞口也朝着西北，正面看上去，高大得吓人。洞顶横裂开了一条缝隙，有条石鲤鱼从缝隙向下跳，头、尾、鳞、鳃都有，即使是（能工巧匠）用石头刻意雕琢，也不可能如此惟妙惟肖吧！它旁边的石头盘结如伞盖，五光十色。洞的西北面层台高叠，沿石阶上去，就是老君台。由老君台继续向北行，岩洞仿佛分成了两种境界，西边是走在高台之上，东边则是顺着深壑深入其中了。

分析与理解

1. 获取信息：从材料一可以得知，喀斯特地貌是怎么形成的？请你用波浪线在文中画出来。

2. 形成解释：材料二中描写的七星岩也是喀斯特地貌，请概括作者到达不同地方，看到不同景观时的感受。

入上洞（　　　　）→进下洞（　　　　）→观洞顶（　　　　）→立于老君台上（　　　　）

3. 评价鉴赏：

“红玫瑰大厅，长 300 米，宽 200 米，最高处达 260 米，这规模与人民大会堂相当，但高度要高多了。”有人认为这句话采用列数字的方法，比较生硬。你是否同意他的看法？说说你的理由。

★阅读推荐★

《刘兴诗爷爷给孩子讲中国地理》（刘兴诗 / 著）

【项目作业二】表达与交流

1. 写一写：假如你是一名小导游，尝试着整理一份导游词，将你感兴趣的神奇地貌介绍给大家吧！

你可以按照下面的提示完成导游词的编写：

◎编写前，你需要从材料一或材料二中选择一个你想介绍的景点，确定景物的基本特点，以及和景物有关的数据资料或是故事资料。

◎编写时，首先，你可以用上这样的行业用语——各位游客，你们好，我是导游 xx，今天我将陪同大家一起参观 xxx。接着，你可以固定你的立足点，按观察顺序展开对景物的介绍。将你看到的景色和了解到的相关知识一一讲述。最后，你可以提示大家自由参观，欣赏大自然的鬼斧神工。

◎编好后，你可以将导游词读给爸爸妈妈听一听，听听他们的建议，然后再改一改。

2. 完成导游词后，向亲人朋友介绍这一处景点，在讲解时，你可以做以下努力：①注意讲解的语气和语速，还可以配上手势、动作、神态，让讲解更自然。②为了让你的讲解更吸引人，你可以搭配线路图、小展板或图片等辅助道具，还可以配上音乐……

【项目作业三】梳理与探究

1. 查阅相关资料，说一说：除了喀斯特地貌，大自然中还有哪些神奇的地貌？这些地貌又有什么样的特征呢？

2. 你的家乡周围有没有类似的地形地貌？请爸爸妈妈带上你来一次周末近郊游。你可以通过拍照，也可以通过文字，记录下家乡独具特色的地形地貌！

字词补给站

积累下面形容“大自然神奇景象”的成语和诗句。

奇峰罗列　悬崖峭壁　连绵起伏　峰峦雄伟　危峰兀立

造化钟神秀，阴阳割昏晓。

——［唐］杜甫《望岳》

分野中峰变，阴晴众壑殊。

——［唐］王维《终南山》

★实验大揭秘★

同学们，你们知道为什么鸡蛋壳遇到白醋会发生如此剧烈的反应吗？原来，鸡蛋壳的主要成分是一种叫碳酸钙的东西，它很害怕像白醋这样酸性的东西，一旦遇到，就会快速溶解其中了。

争做环保小卫士

听妈妈说，以前我的家乡山清水秀、空气清新，但是，现在……是什么让我们生活的环境越来越不好呢？让我们一起去调查调查……

活动过程

活动项目：寻找植物“杀手”

活动场所：小区周边的主要交通出行干道旁

活动时长：两个时段（晴天 15 分钟 + 雨天 10 分钟）

活动准备：相机或能拍照的手机、纸、笔、纸杯、pH 试纸、滴管、色板

活动过程：

第一步：向父母咨询，确定小区周边的主要交通出行干道。观察街边的植物叶面，选择宽大、出现斑点比较多的树叶进行聚焦拍照。

第二步：站在人行道边上（注意安全），统计 15 分钟内经过此路段的汽车数量。

第三步：大雨时，在同一位置用水杯接半杯雨水，用滴管取雨水滴于pH试纸上，然后利用比色板进行颜色对比，确定雨水的酸碱度值。

活动流程：

积极参与小区周边环境调查，记录自己的观察所得。

能结合植物生长需要的环境因素，对污染原因进行假设。

查一查资料，了解尾气排放、雨水酸碱度对植物的影响。

学习过程

学习目标：

1. 能观察小区周边环境，有目的地搜集对植物产生影响的相关数据。

2. 能通过猜测与印证，了解生活环境中的植物“杀手”。

3. 能使用书面语、口头语或动手实践表达观察所得。

学习项目：

【项目作业一】阅读与鉴赏

现在你应该明白了吧，各种机动车排放的尾气也是形成酸雨的重要原因。酸雨会导致土壤酸化，影响植物的生长。接下来，阅读下面两篇日记材料，深入了解环境污染给人类生活带来的影响。

【材料一】

11 月 25 日　　星期六　　天气：阴

清晨，我一觉醒来，发现天空黑压压的一片。我着急地对妈妈说："妈妈，快下雨了吗？天气预报说今天晴天，我和明明约好了去绿道跑步呢，怎么窗外是雾蒙蒙的？"妈妈望了望天空，叹了一口气说："唉，哪里是雨天呀，分明是雾霾。"我疑惑地问："什么是雾霾？"妈妈解释道："雾霾是一种严重的大气污染，它能让天空瞬间变得阴沉灰暗，进入我们的呼吸道后，会给身体带来严重的危害。这种天气可不能跑步哟！""啊？"我委屈极了，"多好的周末呀，泡汤了！我还是到图书馆看书吧。"

带上 PM2.5 防护口罩，我来到了社区图书馆。书架上那本《环境与科学》一下子引起了我的关注，我好奇地翻看起来——

"大气污染主要是指大气的化学性污染，主要的污染物是烟尘和二氧化硫，此外，还有氮氧化物和一氧化碳等。大气污染还包括大气的生物性污染和大气的放射性污染。"

这时，图书馆馆长走过来，我有礼貌地请教："馆长叔叔，您好，您知道大气污染对人体有哪些危害吗？"馆长笑着说："大气污染物对人体的危害是多方面的。比如，工厂大量排放有害气体，人体成年累月呼吸这种污染了的空气，会慢性中毒；在无风、多雾时，甚至会导致人们集体急性中毒，更严重的能在几天内夺去几千人的生命。另外，煤炭燃烧的烟雾、汽车排放的尾气中都含有很多致癌物质，大气中的化学性污染是慢性支气管炎、肺气肿和支气管哮喘等疾病的重要诱因。”

我听着听着，慢慢皱起眉，说：“原来，大气污染对人体健康危害这么大呀！”馆长继续说道：“小朋友，如果你感兴趣，可以多看看这方面的书籍哟！”

我决定每天完成作业后，都来图书馆翻看环境生态方面的书籍，学习一些力所能及的解决方案。

【材料二】

11月26日　　星期日　　天气：阴

今天的雾霾更严重了，妈妈不同意我外出了。她说，通过网络，也能获得环境污染方面的信息。妈妈在搜索引擎中输入了“环境污染”四个字后，页面呈现了很多相关信息。通过浏览，我又有了新的发现——河流、湖泊被污染后，对人体健康也会造成严重的危害。

1956年，日本熊本县的水俣湾地区出现了一些病因不明的患者。患者有痉挛、麻痹、运动失调、语言和听力发生障碍等症状，最后因无法治疗而痛苦地死去，人们称这种怪病为水俣病。科学家们后来研究清楚了这种病是由当地含Hg的工业废水造成的。Hg转化成甲基汞后，富集在鱼、虾和贝类的体内，人们如果长期食用这些鱼、虾和贝类，甲基汞就会引起以脑细胞损伤为主的慢性甲基汞中毒。孕妇体内的甲基汞，甚至能使患儿发育不良、智能低下和四肢变形。

大型淡水湖泊和水库水质普遍较差，75%以上的湖泊富营养化加剧，主要由氮、磷污染引起。被粪便和生活垃圾污染了的水体，能够引起病毒性肝炎、细菌性痢疾等传染病，以及血吸虫病等寄生虫疾病。一些具有致癌作用的化学物质，如砷(As)、铬(Cr)、苯胺等污染水体后，可以在水体中的悬浮物、底泥和水生生物体内蓄积。长期饮用这样的污水，容易诱发癌症。

尽管有很多化学术语，我不能理解，但我仍然能从其他文字中感受到“水俣病”的可怕。我暗下决心，一定要好好学习科学知识，将来加入环境治理队伍，还人类健康的生活环境。

分析与理解

1. 获取信息：材料一中主要介绍了大气污染分为__________、__________、__________这三种类型，大气污染是__________、__________、__________等疾病的重要诱因。

2. 形成解释：材料二中提到的“水俣病”是什么原因造成的？得了这种病会产生什么后果？

3. 创意运用：请你向两篇材料中的“我”学习，运用询问、阅读书籍、上网查阅等方法了解更多环境污染现象与专家们对环境治理提出的意见与建议吧！

★阅读推荐★

《中国儿童地图百科全书》（中国儿童地图百科全书编委会/编）

【项目作业二】表达与交流

1. 在完成对小区周边环境的调查后写一写，将你的调查过程写清楚。

你可以这样来记录：

◎观察街边的植物叶面时，你看到了什么？结合之前学到的一些科学小常识，你有哪些猜测呢？

◎统计主干道上过往的车辆时，你有留意车辆的类型了吗？是公交车多，还是私家车多？你有留意车身前后的车牌颜色了吗？蓝色多，还是绿色多？不同的颜色有特别的含义吗？你有留意私家车内的乘客人数吗？仅有司机一人的私家车多吗？你还关注了什么？ 15 分钟的调查统计，让你有了哪些感触呢？

◎测试雨水的酸碱值时，你看到了什么？结果和你之前的预测一致吗？

根据这些问题，把观察过程写清楚，还可以写一写自己当时的心情。写完之后，读给爸爸妈妈听一听，看看哪里不通顺还可以改一改。

2. 说一说：将你的调查过程与你的思考告诉小伙伴，“小手牵大手”，带动更多人关注我们身边的环境，主动“绿色出行”。

【项目作业三】梳理与探究

心动不如行动。要保护环境，更重要的是我们人人做力所能及的事，从身边的事、从小事做起。

成立“校园卫生环境调查小队”，发现校园中那些破坏环境的不良现象，针对这些现象写出具体可行的做法，印成《保护校园环境的建议书》，张贴在班级、学校的布告栏里。

字词补给站

积累下面与环境保护有关的名言警句。

让绿色与我们共存！

青山清我目，流水静我耳。

多种一棵翠绿的小树，还我一片蔚蓝的天空。

★实验大揭秘★

汽车尾气中含有上百种不同的化合物，主要污染物为碳氢化合物、氮氧化合物、一氧化碳、二氧化硫、含铅化合物等。研究表明，一辆轿车一年排出的有害废气比自身重量大3倍。尾气中的二氧化硫具有强烈的刺激气味，达到一定浓度时容易导致“酸雨”的发生，造成土壤和水源酸化，影响植物的生长。

“探日”行动

“太阳太阳，给我们带来七色光彩，照得我们心灵的花朵，美丽可爱。”太阳是我们赖以生存的“好朋友”，你对太阳有多少了解呢？今天，我们会开启“探日”之旅，就先从一个有意思的小制作开始吧！

活动过程

温馨提示：“太阳系”是个大家族，因此，拉上你的亲朋好友一起参与此次制作吧！人多力量大！

活动项目：模拟太阳系

活动场所：室内

活动时长：25 分钟

实验准备：超轻黏土（至少 6 种颜色）、一张边长为 60 厘米的正方形黑色或深蓝色卡纸（也可以用地砖、KT 板等相同大小的物品代替）、各色水粉颜料、1–2 支画笔（或类似画笔的小刷头）、太阳系各星体数据表（为了保证模型完成度，以下数据已做了适当调整。）

星体	太阳	水星	金星	地球	火星	木星	土星	天王星	海王星
直径（cm）	12	0.7	1.7	2.0	1.3	11.5	9.0	6.0	5.8
颜色	红色	灰黑色	橘色	蓝绿色	深红色	黄白两色	黄白两色	浅蓝色	深蓝色
与太阳的直线距离（cm）		2	5	6.5	10	19	29	39	49

实验过程：

第一步：在深蓝色或是黑色卡纸上，参照表格中各行星距离太阳的远近，用画笔蘸取白色颜料，画出星体公转的弧形轨迹。

第二步：用黏土和颜料按表格中的数据分别制作太阳和八大行星。

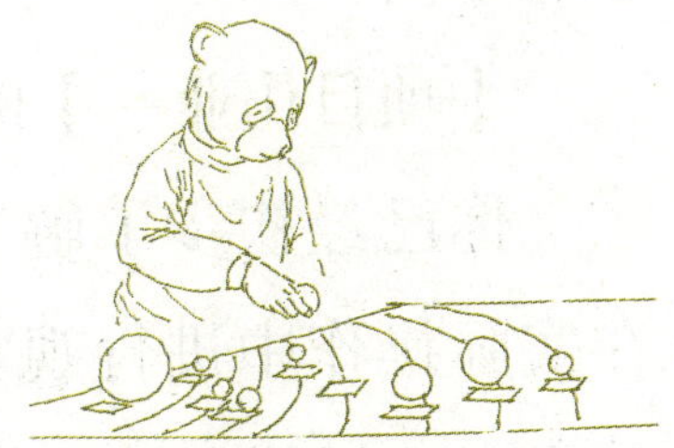

第三步：把“太阳”和行星们放置在相应的轨道上，并在一旁放置写有各星体名字的小卡片。

活动流程：

了解各星球的颜色、大小顺序与距离，与父母或小伙伴分工，积极参与制作过程。

正确安放“太阳系”的各星球，从不同的角度观察模型。

查阅资料，了解真实的“太阳系”，比较模型与真实状态的异同。

学习目标：

1. 能按一定比例制作简易太阳系模型并观察制作过程。

2. 能知道组成太阳系的星体以及八大行星的排列顺序。

3. 能使用书面语和口头语表达观察所得，写出自己的体验。

学习项目：

【项目作业一】阅读与鉴赏

你已经初步了解了太阳系的主要成员了吧！我们不仅学会了在实际操作中进行观察，还体会了动手实践给我们带来的快乐。接下来，阅读下面两篇材料，去看看人类对太阳的探索与认识！

【材料一】

太阳，人类生命的主宰

假设你正乘坐宇宙飞船，从太阳系处逐渐靠近太阳。你对太阳系的第一印象也许就是几个微小的天体环绕着一颗超大的恒星在旋转，就像实验中看到的那样。太阳在整个太阳系中产生强大的引力，尽管这种引力随着距离的增大而迅速减小，但它仍足以使八大行星和其他天体在各自的绕日轨道上运行。我们可以把太阳理解成一个很重、引力很大的“大球”。

太阳是一颗炙热的气体星球，这个“大球”的四分之三是氢，另外的四分之一是氦。“氢”和“氦”都是化学元素，除此以外，还有很小一部分是其他的化学元素。

太阳可以分为内部结构和大气层两大部分，太阳内部结构由内到外可分为日核心辐射层和对流层。太阳这个“大球”的巨大能量来源于它的日核，不是通过燃烧燃料得来的，而是由核聚变产生的。太阳日核的温度高达1500万摄氏度，这样高的温度完全可以达到核聚变所需的温度条件。我们的体温超过37.2摄氏度就意味着生病了，中国最热地方的地表温度最高是89摄氏度，坚硬的岩石在2000摄氏度融化。现在，你能想象一下1500万摄氏度的高温了吗？

太阳还是我们唯一能观测到表面细节的恒星。虽然就总体而言，太阳是一个稳定、平衡、发光的气体球，但它的大气层却处于局部的激烈运动之中。如：黑子群的出没、日珥的变化、耀斑的爆发，等等。太阳活动现象的发生与太阳磁场密切相关。太阳周围的空间也充满从太阳喷射出来的剧烈运动着的气体和磁场。

太阳在人类生活中是如此的重要，没有太阳，就没有地球上的一切生命。古往今来，人们都一直对它顶礼膜拜。

【材料二】

日　喻

生而眇[①]者不识日，问之有目者。或[②]告之曰：“日之状如铜盘。”扣盘而得其声，他日闻钟，以为日也。或告之曰：“日之光如烛。”扪[③]烛而得其形，他日揣籥[④]，以为日也。日之与钟、籥亦远矣，而眇者不知其异，以其未尝见而求之人也。

——［宋］苏轼《经进东坡文集事略》（节选）

【注释】

①眇：目盲，瞎。

②或：有人。

③扪：摸。

④龠（yuè）：古时的一种竹制乐器，像短笛子。

【译文】

一个盲人不知道太阳长什么样子，便向有眼睛的人询问。有的人告诉他说："太阳的形状像铜盘。"盲人敲了一下铜盘，听到了铜盘的响声，某一天他听见钟声时，就认为那就是太阳。后来，又有人告诉他："太阳的光亮像烛光。"盲人摸了摸蜡烛，感知了它的形状，某一天他摸到了形似蜡烛的短笛，以为那就是太阳。然而，太阳与钟和短笛相差太远了。盲人不知道它们的差异，只因他未曾见过太阳，而全是从别人那里听来的。

分析与理解

1. 获取信息：阅读材料一后，你从文中收获了哪些与"太阳"有关的新知识呢？

____

____

2. 评价鉴赏：材料二中的"眇者"是寓言讽刺的对象，如果换个角度进行逆向思维，你会发现"眇者"也有值得肯定和称道的地方。请选择一个角度，谈一谈你对"眇者"的看法。

____

3. 创意运用：如果班级举行一场天文发布会，你打算如何给低年级的弟弟妹妹介绍太阳呢？

★阅读推荐★

《地球的故事》（［美］房龙／著）

【项目作业二】表达与交流

1. 做实验，动手参与，仔细观察，将实验的过程写清楚。

你可以这样来记录：

◎实验前：今天做什么实验？你准备了哪些材料？你对太阳系做了哪些了解？

◎实验中：爸爸妈妈和你是怎样分工的？你的主要工作是什么？你印象最深的是哪个步骤？遇到困难了吗？你们是怎么克服这些困难的？写清楚当时的发现、思考和内心感受。

◎实验后：借助制作好的模型介绍我们的“太阳系”。

根据这些问题，试着把实验的过程写清楚。写完之后，读给爸爸妈妈听一听，看看哪里不通顺还可以改一改。

2. 玩一玩：把“模拟太阳系”变成你和小伙伴的真人游戏吧！找一个足球场，由一位同学举起一只篮球代表太阳，其他八位同学则挑选不同大小的球体代表行星。请你根据之前操作中获得的知识寻找合适的球体以及每个小伙伴离太阳的远近，让大家一边自转一边绕“太阳”公转吧！

【项目作业三】梳理与探究

1. 留意生活，你发现太阳对我们的生活有哪些影响呢？

2. “羲和”是中国上古神话中的太阳女神。“夸父”则是我们耳熟能详的逐日英雄。中国的航天工程正试着让神话照进现实。目前，已经制定了“羲和”和“夸父”两个太阳探测计划，正式步入“探日”时代。你能在家长的帮助下，借助视频等媒体资料对这两个探测计划做进一步的了解吗？

字词补给站

积累下面与“日”有关的词语。

日新月异　日理万机　烈日当空　蒸蒸日上

日薄西山　蔽日遮天　如日中天　日月如梭

日上三竿　日月入怀　日夜兼程　日行千里

★实验大揭秘★

恭喜你用黏土模拟出了庞大的太阳系。我们大致还原了太阳系中各星球的外貌、位置与大小顺序。但是，很遗憾，各星球的大小和它们之间的距离并未遵循真实比例。若按照真实比例来制作“太阳系”模型，即便将地球缩小成玻璃珠一般大小，也需要11000米的直线距离，才能安放下太阳与它的八大行星，这着实令人为难。真实的“太阳系”，它的庞大是我们无法想象的。

参考答案

会“唱歌”的绳子

【项目作业一】阅读与鉴赏

1. 蝉鸣声，成群黄鱼溯潮而上发出的声音。

2. 我赞同这种说法。这首古诗虽然以“早蝉”为题，但是，详细描写了作者听到蝉声后的想法与感受。比如“今朝无限思，云树绕湓城”，这两句话就直接发表感叹，表现了作者对过去东宫生活的无限思念之情。

3. 创意绘制举例示意如下：

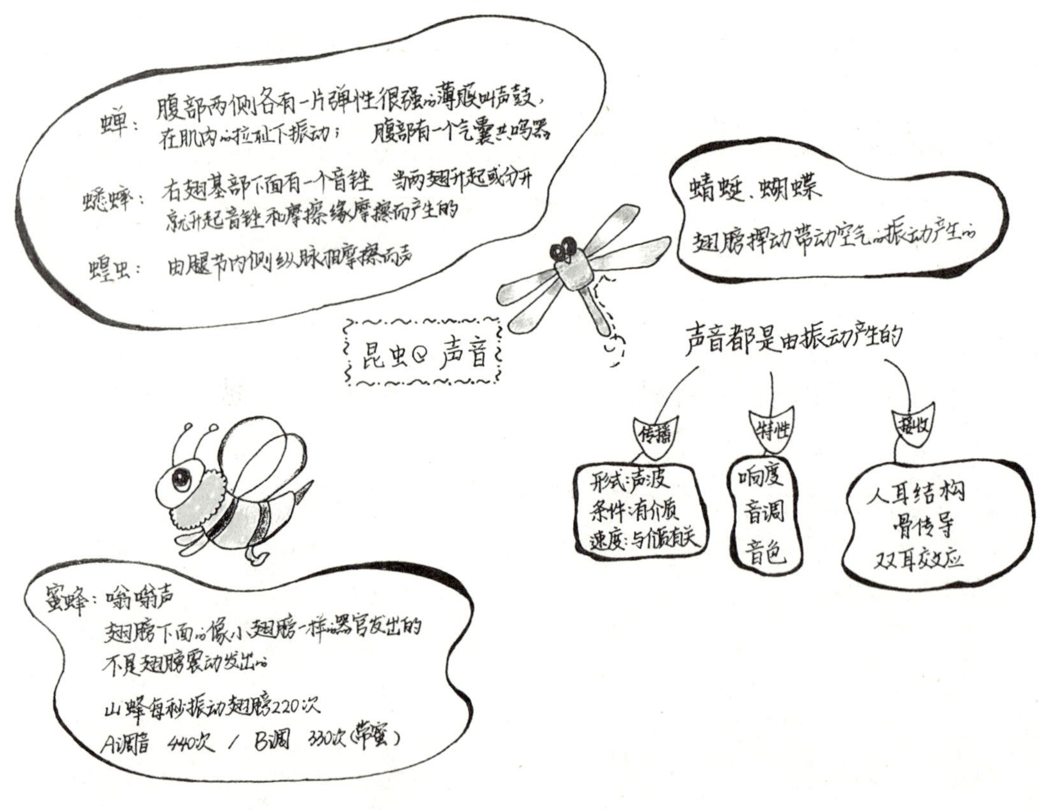

【项目作业三】梳理与探究

1. 拉、敲、甩、拍、吹；海豚、百灵鸟、老虎（答案不唯一，供参考）

2. 中国古代十大乐器：鼓、埙、笙、编钟、箫、笛、瑟、琴、琵琶、二胡。

“弹跳”的小钢尺

【项目作业一】阅读与鉴赏

1. 打击乐器 青铜 曾侯乙编钟 椭圆形 钟口凹陷 纹饰和文字

2. 我觉得画线的句子写得很精彩，诗人将琵琶弹奏出的声音比作急雨敲窗和窃窃私语，写出了曲调的轻重缓急与高低起伏。

3. 答案略。

【项目作业三】梳理与探究

排箫的发音原理：吹奏排箫时，气流从箫口上方划过，撞击到对侧的箫管内壁，气流在管内内腔振动，便发出了声音。箫管的长度不一样，气流在箫管内所产生的振动也不同，所发出的声音就有了高低之分。

我们还可以尝试用竹管、吸管、塑料笔管、玻璃试管等材料制作小排箫，材质不一样，音色不一样。

“声”动有趣的生活

【项目作业一】阅读与鉴赏

1.“海洋中可爱的海豚也能用超声波来判断障碍物的位置呢！”

“当我们向远处喊话时，会习惯地将双手在嘴边围成喇叭状。”

“音乐厅或是礼堂的上方或后方，常安装反射面，使声音能较完整地传播到听众席上。”

“山谷回音和故宫里的天坛回音壁。”

“为了不让表演大厅中产生回音，大厅的墙壁上总有针状类似蜂窝的小孔，当声音进入这些小孔后，反射在狭窄的小孔内进行，最终消失，这就是神奇的消音墙壁。”

2. 研读上表，我认为“声音”传播的最佳助力者是铁，它来自固体家族。我发现空气这种介质很特别，温度高，声音传播速度变快；水这种介质也很特别，相同温度下，声音在海水中的传播速度更快，是盐的作用吗？（只要有自己的发现，并能描述出就可以。）

3. 答案略。只要画出声音在喇叭内壁的反射路径即可。

看我变！变！变！

【项目作业一】阅读与鉴赏

1. 产卵　孵化　四

2.（保持蜕皮姿势）—（撕裂）旧衣—（脱出）背脊—（拉出头部）

3. 当它用爪仰向地挂在某物上，前肢缩在胸口，三角形的小翅尖端向左右张开，中央露出两片狭狭的薄板。这就是到处保持安定的脱皮姿势。感受：蛹的整个身子应该是倒挂在草叶上，它蜕皮时不会一不小心摔下来吗？（仅供参考）

4. 想象蟋蟀产卵时的心理活动：我可要好好地找个安静的地方产卵，对了，就这里，可千万不要有其他动物打扰我。（仅供参考）

【项目作业三】表达与交流

1. 例如：蚕卵孵化的过程是怎样的？蚕宝宝进食时都有

哪些细微的动作？蚕宝宝喜欢生活在明亮的地方还是黑暗的地方？……（仅供参考）

2. 参考

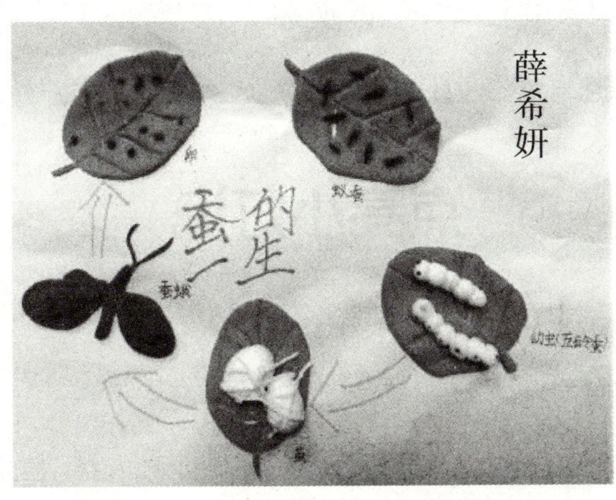

哇！有电！

【项目作业一】阅读与鉴赏

1. 至于地球本身和地球上的一切，也都含有电。地球上有各种各样的物质，一切物质都是由原子组成的，每种原子里都有着一定数目的电子。因此，从这个意义上来说，没有电就没有物质，也就不存在这个世界。

2. 人们梳头、穿衣时，伴随梳头与解衣的行为，可以看到小火星，听到微弱的响声。（仅供参考）

3. 当水流从底部的小孔中流出来时，将摩擦过的气球慢慢靠近水流，垂直向下的水流竟然自动拐弯了。这是因为摩擦过后的气球带有静电，这时候就会吸引轻小的物体，比如细细的水流。

【项目作业三】梳理与探究

1. 学校的电器设备：电脑、电子大屏、电视屏幕、空调等；

家里的电器设备：空调、电视、冰箱、洗衣机、烘干机等。(供参考)

2.(1)不是每种电都可以应用到生活中，比如静电。

(2)日常生活中使用的电主要来自发电厂，包括水力发电、火力发电、原子能发电、风力发电、太阳能发电等。

点亮小灯泡

【项目作业一】阅读与鉴赏

1. 体内的细胞　正极　负极　很高的电压　巨大的电流

2. 把一小截耐热的材料装在玻璃泡内，接上电源，当它烧到白热化的程度时，玻璃泡便由热而发光。

3. 答案略。言之有理即可。

【项目作业三】梳理与探究

1. 答案略。

2.

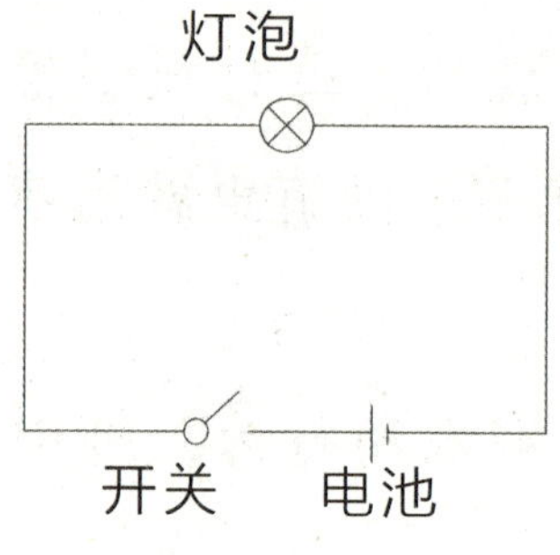

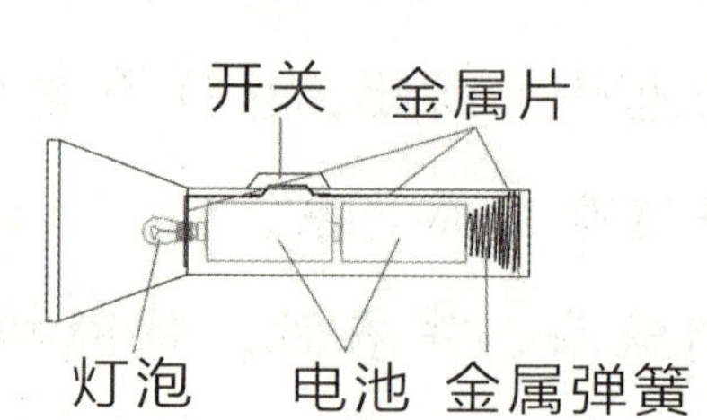

3. 答案略。

与“光”同行

【项目作业一】阅读与鉴赏

1. ①月亮　②平面镜　③阳燧

2. 镜子　以铜为鉴，可正衣冠

3. 凸面镜能利用光的反射原理，帮助司机扩大视野，能看到一般视线看不到的地方，防止交通事故的发生，保障停车场、车辆和行人的安全。

【项目作业三】梳理与探究

1. 光在反射时有一部分光会被物体吸收，如果一个物体几乎能反射阳光中的所有色光，那么该物体就是白色的。反之，如果一个物体几乎能吸收阳光中的所有色光，那么该物体就呈黑色。比如，树叶和花朵呈现出的颜色便是它们反射的太阳光的颜色啦！

2. 答案略。

3. 答案略。

视觉实验室

【项目作业一】阅读与鉴赏

1. 快　若沙戏影灯马骑人物，旋转如飞。车驰马骤，团团不休。

2. 从文章内容的角度提问题：材料一第三自然段的内容与视觉暂留效应没有直接关系，可以去掉吗？（供参考）

3. 答案略。

【项目作业三】梳理与探究

1. 人类眼睛的构造：从正面看，眼睛包括巩膜（眼白）、瞳孔、虹膜及角膜等几个主要部分。若从整个眼球结构来看，还有很多在表面看不到，但同样重要的部分。

2.（1）原因主要来自人体的视觉适应现象，人的感觉器官在接受过久的刺激后会钝化，造成了补色及视觉暂留的生理错觉，所以我们“被迫”着重注意到了色块交界处的色差。

（2）利用屋内的装饰，制造上下颠倒的感觉，和我们习惯的平衡系统形成反差，看上去以为人失重飘起来了。

（3）实际上它是平面图打造的裸眼立体图，一种能够让人从中感觉到立体效果的平面图像，这种图也称作“三维立体画”。

特别的“家访”

【项目作业一】阅读与鉴赏

1. 巢房的材料，是从它自己腹面第三、四、五、六环节上的四对蜡镜分泌的蜡性物质。这种蜂蜡，不论在扩展性方面，在强韧性方面，以及耐热性方面，宇宙间没有可以和它比拟的东西。

2. “想不到”“竟”有“出乎意料之外”的意思。如果删去，句子变成“一切都白费心机！它绕到别的树下叼来落叶”，体现不了“我”对松鼠的喜爱、关注与爱护。

3. 答案略。

【项目作业三】梳理与探究

1.（1）松鼠　（2）黄鳝　（3）蜜蜂

2. 燕子，燕子的窝是半椭圆形，就像一个勺子。燕窝是燕子使用黏液制成的巢穴，主要用于哺育后代。（仅供参考）

助你一臂之“力”

【项目作业一】阅读与鉴赏

1.A

2. 利用海水的反推力，使自己加速向前游去。

3. 安装在龙身上的四支火药筒，类似载人航天火箭尾部的助推器，属于第一级火箭，一级火箭燃烧完毕，自动引燃龙腹内的火箭，这是第二级火箭。“火龙出水”是现代多级火箭的前辈。（答案仅做参考，言之有理即可）

【项目作业三】梳理与探究

1. 火箭、喷气式飞机靠喷气式发动机产生的反推力运动；过年时燃放的烟花靠火药产生的反推力飞上天空。

2. 增大反推力，用大气球增大总气体的推力，用细吸管加快气体喷出的速度。（答案不唯一，仅供参考）

水中“芭蕾”

【项目作业一】阅读与鉴赏

1. ①水沸腾　②水蒸发　③冰升华

2. 答案略。（将自己的想法描述清楚即可。）

3. 伦敦的大雾和当地的地理环境、大气污染有关。英国是大西洋中的一个岛国，而伦敦又处于英国东南部的一块盆地上。秋冬季节，当西风把大西洋的水汽吹向陆地时，白天和晚上的温差比较大，盆地空气相对稳定，流动不畅，下层空气受冷以后，往往会形成漫天大雾，并且循环往复，久不消散。加上伦敦的工业和交通迅速发展，工矿企业和汽车排出的大量烟尘飘浮在空气中，变成了雾的凝结核，这也是促成大雾的一个原因。（答案仅供参考）

【项目作业三】梳理与探究

1. 答案略。

2. 水蒸气在生活中还有杀菌作用，一般蒸汽的温度相当高，

所以可以对衣物、地板进行清洁除菌。还是有蒸汽家用清洁器、蒸汽型洗衣机和微生物实验室的蒸汽除菌等。（答案不唯一）

化石趣谈

【项目作业一】阅读与鉴赏

1. 沈括和黄庭坚发现的“石笋”化石是不一样的。我的证据是：“土层下发现了一片竹笋林，总共有几百根。竹根、竹干相连，都化成了石头。”可以看出，沈括看到的是一种植物的化石；而“经过后世科学家的研究证实，黄庭坚发现的‘石笋’，学名叫作‘震旦角石’，又叫‘中华角石’，是一种生存在四亿四千万年前的软体动物的化石。”

2.A C

3. 从化石中可以看到古代动物、植物的样子，人们研究化石，从而可以推断出古代动物、植物的生活情况和生活环境，推断出埋藏化石的地层形成的年代和经历的变化，可以看到生物从古到今的变化，等等。（仅作参考）

我是桥梁建筑师

【项目作业一】阅读与鉴赏

1. 桥之广，十二绳排连之，上布竹笆。

2. 句子：经试验，如果承受同样的重量，把钢材做成“工”字形，比做成矩形要节省一半以上钢材！

批注：这句话使用作比较的说明方法形象地写出“工字形”钢材省材料的特点。

3. 答案略。

【项目作业三】梳理与探究

1. 增加纸的厚度或是宽度，抗弯曲能力都会大大增加，综合各种方法，效果更佳。

2. 拱形承载重量时，能把压力向下和向外传递给相邻的部分，拱形各部分相互挤压结合得更加紧密。拱形受压会产生一个向外推的力，抵住了这个力，拱就能承载很大的重量。

让人喜忧参半的霉菌

【项目作业一】阅读与鉴赏

1. 使墙体彻底干燥　消除霉菌的成因

2. 化学家　做优质药物　生产微生物柴油　做生态恢复

3. 答案略。

【项目作业三】阅读与鉴赏

1. 容易出现霉菌的地方：地板、浴帘、浴室或地下室墙面；浴室用品、空调滤网、室内长久搁置的食物或水果皮上；没晒干的衣服上，存放坚果、粮食的袋子里；没有清洗干净的筷子、砧板、洗碗布上等。除了饮食，人们还有可能因为间接接触了有霉菌比较多的物品或者通过呼吸道感染霉菌。

2. 霉菌在食品工业中应用广泛，许多酿造食品都是霉菌的功劳，比如豆腐乳、豆豉、酱油、酱、醋等。霉菌还可以用来生产酶制剂、生物碱、植物生长调节剂等产品，农业上还能用于饲料发酵。

假如没有了灰尘

【项目作业一】阅读与鉴赏

1. ①街道上空　②住宅上空　③海洋上空　④高山上空

2. 污染空气、危害健康

3. 这段话首先运用列数字的说明方法，准确、具体地介绍了灰尘颗粒的大小，接着又运用做假设的说明方法直观形象地突出了大颗粒吸附力大的特点。

【项目作业三】梳理与探究

1. 来历：天然灰尘（如岩石碎屑、土末、火山灰）、人工灰尘（工厂）、动植物灰尘（皮屑、毛发、花粉、树皮）……

2. 除尘方法：洒水除尘、吹风除尘、吸尘器、高压电力除尘……效果好的方法略。

大自然的“美容师”

【项目作业一】阅读与鉴赏

1. 水吸收和溶解了空气中的二氧化碳，产生了带弱酸的雨水，这些雨水与石灰岩反应，就会生成可溶于水的物质。水滴不断地滴下来，不断地溶蚀石灰岩，并把溶蚀的物质冲走，天长日久就形成了喀斯特地貌。

2. 入上洞（感觉豁然开阔）→进下洞（觉得宏大明朗、雄壮开阔）→观洞顶（觉得石头造型惟妙惟肖）→立于老君台上（洞内境界分明）

3. 不同意。列数字的方法能更准确地突出所描写事物的特点，给读者留下更深刻的印象。

【项目作业三】梳理与探究

1. 风蚀蘑菇，这是一种流水侵蚀的地貌，特征为上部宽大，下部窄小，呈蘑菇状；冲积扇，这是流水沉积后形成的地貌，平面呈扇形，从扇顶到边缘排列着由大到小的沉积物颗粒；三角洲，这也是流水沉积后形成的地貌，平面呈三角形，地势低平，河网密布。（仅供参考）

2. 答案略。

争做环保小卫士

【项目作业一】阅读与鉴赏

1. 大气的化学性污染　大气的生物性污染　大气的放射性污染　慢性支气管炎　肺气肿　支气管哮喘

2. “水俣病”是由当地含 Hg 的工业废水造成的。水中的毒素聚集到了鱼、虾和贝类的体内，人们长期食用这些水产品，就会慢性中毒。孕妇如果中毒，能使胎儿发育不良、智能低下和四肢变形。（能明白工业废水含有毒物质，不用纠结化学元素，描述大致正确即可）

3. 答案略。

“探日”行动

活动项目：（仅作参考）

制作者：成都高新区新光小学

2018 级 7 班　徐尧雯、朱家君

【项目作业一】阅读与鉴赏

1. 关于太阳，我知道它能带给我们温暖。我了解的新知识：太阳还是我们唯一能观测到表面细节的恒星。

2. 若是将“眇者”看作是对太阳的研究者，我觉得他有两个优点值得我学习：①勇于求学，不以求知为耻；②没有思想束缚，大胆探索，敢于尝试，勇于类推和应用。

3. 我打算使用我的模拟太阳系给大家介绍太阳在太阳系中的位置，还会从太阳的结构、特点、对人类影响等角度进行介绍。（仅供参考）

【项目作业三】梳理与探究

1.（1）太阳直接为地球提供了光、热资源，人类生活离不开太阳。（2）太阳辐射能是我们日常生活和生产所用的太阳灶、太阳能热水器、太阳能电站、太阳能空调、太阳能锅炉、太阳能温室的主要能量来源。（3）阳光照在皮肤上，会使皮下血管扩张，血流旺盛，增加有毒物质的排泄和人体抵抗力，还会使唾液和胃液的分泌增加，肠胃蠕动加强，促进人的食欲和消化。

2. 答案略。